El arte de DEJAR IR

SHUNMYO
MASUNO

El arte de
DEJAR IR

99 CONSEJOS PARA APRENDER A SOLTAR
Y VIVIR CON PLENITUD

Traducción de Gabriela Raidé

Urano

Argentina – Chile – Colombia – España
Estados Unidos – México – Perú – Uruguay

Título original: *Houtte oku chikara (How to Let Things Go)*
Editor original: Mikasa-Shobo Publishers Co., Ltd., Tokyo
Traducción: Gabriela Raidé

1.ª edición: octubre 2025

ISBN: 979-13-87662-12-7
E-ISBN: 979-13-87750-36-7
Depósito legal: M-17.347-2025

Fotocomposición: Urano World Spain, S.A.U.

Impreso por: Rotativas de Estella – Polígono Industrial San Miguel
Parcelas E7-E8 – 31132 Villatuerta (Navarra)

Impreso en España – *Printed in Spain*

ÍNDICE

Primera parte
NO TE INVOLUCRES EN EXCESO

Sé más desapegado en las relaciones

Segunda parte
NO TE PREOCUPES POR CADA DETALLE
Cómo dejar de lado la ansiedad, la impaciencia y la ira

Tercera parte
MODERA TODAS TUS REACCIONES
Prácticas que no te desanimarán

Cuarta parte
NO DESPERDICIES TU ENERGÍA

Formas de evitar complicarte la vida

Quinta parte
NO LO VEAS TODO EN BLANCO O NEGRO

Ideas para llevar una vida más tranquila

PRÓLOGO

*Quienes tienen el poder de dejar ir no están
a merced de sus relaciones personales.*

No tienen la necesidad de estar conectados constantemente a las redes sociales, por lo que no controlan a sus amigos escribiéndoles las 24 horas del día, ni participan en los cotilleos.

Saben que la amistad tiene más que ver con la calidad que con la cantidad. Son expertos en rechazar las opiniones y los actos de personas a las que ni siquiera conocen.

*Quienes tienen el poder de dejar ir son capaces
de acabar con las distracciones en el trabajo.*

No se dejan influir con facilidad, por lo que no se obsesionan con las críticas de sus compañeros de trabajo. Tampoco se dejan llevar por la información innecesaria.

Toman en consideración cómo les afectan las cosas, luego toman una decisión y actúan en consecuencia. Son buenos para bloquear la información superflua y las influencias externas, como lo que dicen o hacen los demás.

Quienes tienen el poder de dejar ir pueden pasar
el tiempo con relativa calma.

No se sienten abatidos por el arrepentimiento, ni pierden el tiempo preocupándose por cosas que aún no han sucedido. No se atormentan a sí mismos. Son buenos dejando ir aquello que no pueden controlar, lo inevitable, lo que sucedió en el pasado.

Saben qué deben dejar ir.

Hacerlo despeja la mente y el corazón, lo que les permite concentrarse en lo realmente importante. Al minimizar las complicaciones, quedan libres para vivir una vida plena, con salud y bienestar. Hay muchas cosas en el mundo que no podemos controlar. Otras personas, el pasado, el futuro… Déjalo ir todo. En lugar de permitir que consuman nuestra mente y energía, es mejor que dediquemos nuestros esfuerzos a lo que podemos conseguir en el presente.

Hay una expresión zen, *hogejaku*, que significa «Déjalo ir todo». Tal como indica, una vida en la que puedes dejar ir es una vida zen.

Por supuesto, tanto en el trabajo como en las relaciones (al igual que en todo lo demás), habrá cosas que no podrás soltar. ¿Cómo puedes distinguir entre lo que deberías dejar ir y lo que no? Lo abordaré en las siguientes páginas.

Espero que este libro te ayude a dejar ir y a vivir una vida plena, con salud y bienestar.

Gassho
Shunmyo Masuno

PRIMERA PARTE

NO TE INVOLUCRES EN EXCESO

Sé más desapegado en las relaciones

1

DÉJALO IR Y TU VIDA MEJORARÁ

Una habilidad indispensable para la vida

Ahora es el momento de decidir qué debes dejar ir.

Quizás pienses que «dejar ir» tiene una connotación negativa.

Abandonar algo a medio camino, dejar una cosa sin terminar, ignorar una injusticia, no hacer el seguimiento de un asunto... ¿Acaso no relacionamos esto con «dejar ir»? Todas estas situaciones parecen implicar cierto grado de irresponsabilidad.

No hay duda de que hay algo de verdad en ello. En los ejemplos anteriores, tengo que admitir que «dejar ir» parece algo negativo.

Pero, en este mundo, hay muchas cosas que sería mejor soltar. Es imposible implicarse en todo, sobre todo en la actualidad, cuando estamos sobrepasados de información y las redes sociales nos obligan a atender nuestras relaciones personales durante todo el día.

Precisamente por eso, resulta fundamental aprender el arte de dejar ir. De hecho, deberíamos considerarlo una habilidad para la supervivencia.

Hoy más que nunca, es imperativo que diferenciemos entre lo que deberíamos quedarnos y de lo que deberíamos desprendernos para vivir nuestras vidas con plenitud.

2

DEJA EN PAZ A LOS DEMÁS

*Una habilidad fundamental para las
relaciones personales*

Hay una delgada línea entre ser atento y ser entrometido.

¿Cómo reaccionas cuando alguien se siente sobrepasado por las preocupaciones? Por lo general, las personas suelen elegir entre dos opciones.

Una opción es decir algo para tratar de animarlo.

La otra es no decir nada, no hacer nada, dejarlo tranquilo.

No hay una forma correcta de actuar. Tan solo diré que, con frecuencia, la primera opción suele considerarse entrometida, mientras que la segunda podría interpretarse como atenta.

Cuando alguien está preocupado, a menudo necesita tiempo para preocuparse (a solas). Simplemente no está de humor para que alguien le diga que haga esto o aquello, que se anime o que lo inviten a salir a tomar algo «para distraerse». Para la persona, cualquier respuesta puede ser difícil de manejar. En muchos casos, solo le traerá más problemas.

Piensa en cómo te sentirías si estuvieras en su situación, si fueras tú quien está preocupado. ¿No preferirías que te dejaran solo hasta que pudieras calmarte?

3

ES IMPOSIBLE CAMBIAR
A LOS DEMÁS

*La única persona que puedes controlar
eres tú mismo*

Primero, cambia tú.

«Mi marido nunca pone las cosas en su sitio, deja los calcetines donde le da la gana y no mueve un dedo para limpiar lo que ensucia. Después de todos estos años de matrimonio, es incorregible, ¡no importa cuántas veces se lo haya pedido!».

En ocasiones escucho este tipo de comentarios por parte de personas casadas, aunque es difícil saber si se trata de una preocupación real.

Esto es lo que suelo responder:

«Admiro tu perseverancia, pero nunca cambiarás a tu pareja. Vivirás mucho más tranquila si lo aceptas tal como es».

Preocuparse por cosas pequeñas solo hace más difícil tu propia vida. Tanto en los asuntos grandes como en los pequeños, muy pocas veces las cosas salen exactamente como tú quieres. Dicho de otra manera, tal vez la única vez que consigas lo que deseas es cuando tenga que ver contigo mismo.

Es hora de dejar ir a los demás, porque están fuera de tu control. Lo más conveniente es que te centres en cómo puedes cambiar tú para que las cosas te vayan mejor. Porque, cuando tú cambias, siempre existe la posibilidad de que el comportamiento de los demás también lo haga y las cosas mejoren para ti.

4

ESTÁ BIEN QUE LAS PERSONAS SOLO CONOZCAN UNA PARTE DE TI

De hecho, basta con un treinta o cuarenta por ciento

Es mejor tener una perspectiva práctica.

En los últimos tiempos, parecen haber aumentado mucho las personas que quieren desesperadamente que los demás lo sepan todo sobre ellas. Una señal de esto es la necesidad de publicar cada detalle de su vida privada en las redes sociales.

Otra versión son las personas que tienen amigos en las redes sociales (a quienes, en su mayoría, no conocen personalmente), y que publican y hacen comentarios sobre todo lo que están haciendo. Creo que esta comunicación siempre está enviando este mensaje: «¡Préstame atención. Aquí, ahora, en todas partes. Entiéndeme!».

No quiero desalentar los sentimientos sinceros, pero nunca habrá nadie que entienda todas tus facetas. Y tampoco tú conocerás nunca a tus amigos del todo.

Para ser realista, puedes considerarte afortunado si tienes unos cuantos amigos con los que compartes el 50 por ciento de lo que deberíais saber el uno del otro. Deberíamos dar las gracias, de hecho, por tener un 30 o 40 por ciento de conexión. Tener una relación cercana con una gran cantidad de personas (y el deseo de tener una) no es más que una ilusión.

5

PUEDEN SER DE TU FAMILIA, PERO SON DIFERENTES A TI

Asumir que te entenderán es un ingenuo error

Lo importante es respetar el estilo de vida de los demás.

Se dice que la sangre es más espesa que el agua. Bien podría ser que los lazos que tienes con tus parientes sean más estrechos que los que tienes con otras personas.

Sin embargo, eso no implica que solo porque seáis familia exista una comprensión automática entre vosotros. Los miembros de una familia siguen siendo individuos, cada uno con distintas personalidades, gustos, valores y opiniones, por lo que la armonía perfecta es imposible. Cuanto más la busques, más difícil de alcanzar será.

Lo importante es que recuerdes que, aunque tengas una relación con tus familiares, no son iguales que tú. Debéis mostrar respeto mutuo por vuestros estilos de vida. Debes tratarlos con paciencia y respetar sus opiniones sin tratar de imponer las tuyas.

Lo peor que puedes hacer es rechazar a alguien de tu familia porque actúa de manera diferente a como lo harías tú. Eso se produce por el supuesto de que, como sois parte de la misma familia, siempre os entenderéis. Está bien darles consejo, pero no olvides que son personas diferentes a ti.

6

CUANDO NO LO ENTIENDAS, DÉJALO IR

El secreto para un matrimonio feliz

Habrá momentos en que no os entenderéis, y no pasa nada.

La creciente popularidad del concepto «divorcio en la mediana edad» puede llevarnos a deducir que la conexión de una pareja no aumenta, necesariamente, con el paso de los años.

Resulta lógico que ni siquiera las parejas casadas se entiendan a la perfección. Si se comprenden la mitad de las veces, es probable que las cosas estén yendo bien.

Antes de empezar una relación, puede que cada persona haya pasado veinte o treinta años viviendo a su manera. Incluso proviniendo de la misma zona geográfica o teniendo familias o intereses parecidos, que una pareja se entienda puede llegar a ser todo un desafío.

Entonces, ¿qué podemos hacer para conseguir una conexión más profunda? Si sabes lo que le gusta al otro, lo que valora o cuáles son sus pasatiempos, puedes tratar de interesarte por esas cosas.

Y, mientras estás ocupado con eso, no te preocupes demasiado por aquellas partes que te cuesta comprender; tan solo déjalas ser. El truco para evitar divorciarte en la mediana edad no es entenderlo todo sobre tu pareja, sino encontrar cosas que podáis compartir a un nivel más profundo.

7

ESTÁ BIEN DISTANCIARSE EN LA OFICINA

Ten cuidado de no involucrarte demasiado

Deja que las relaciones laborales se queden en el puesto de trabajo.

Las relaciones laborales pueden llegar a ser intensas.

Socializar en el trabajo puede incluir desde reuniones antes del verano y a final de año hasta salidas al campo y retiros organizados por la empresa; todos ellos encuentros donde las conversaciones tienden a volverse más privadas con alcohol de por medio…

Las amistades en el puesto de trabajo pueden ser muy gratificantes. Después de todo, se dice que «comer del mismo plato de arroz» despierta un sentimiento de solidaridad.

Pero tus relaciones laborales serán mucho más fluidas si te mantienes al margen de la vida privada de tus compañeros.

Podríamos decir incluso que, hoy más que nunca, los tiempos nos exigen distanciarnos. Involucrarnos demasiado podría meternos en problemas, como acoso laboral, acoso por parte de un supervisor o acoso sexual.

La regla de oro es conversar sobre temas privados solo con quienes deciden abrirse. Recuerda que no debes forzar a nadie a hablar de su vida personal; deja que lo hagan por propia voluntad.

8

NO TE AÍSLES, PERO TAMPOCO SEAS ELITISTA

*La mayoría de las personas
no son ni enemigas ni aliadas*

La esencia de la relación personal ideal.

El miedo al aislamiento motiva la mayoría de nuestras relaciones personales. De ahí que las personas tiendan a formar grupos; van en busca de aliados.

Pero cuando un grupo se reúne, tiende a identificar y expulsar a los extraños o a los enemigos que hay dentro de sus filas.

Sin embargo, en la mayoría de nuestras relaciones no tenemos ni enemigos ni aliados. Hay momentos en los que unimos fuerzas con alguien, y otros en los que nos encontramos en lados opuestos. La relación ideal tiene la cualidad de la fluidez.

Debemos evitar considerar que aquellos cuyas opiniones o mentalidades son diferentes de las nuestras son nuestros enemigos. En el momento en que le pones esta etiqueta a alguien, tu propio sentido del equilibrio se rompe. Si tu enemigo tuviera éxito, no te sentirías feliz por él; estarías celoso y querrías hundirlo. Por el contrario, si tu enemigo fracasara, podrías regodearte en ello y decir: «¡Se lo merecía!». Eso te convertiría en una persona mezquina.

Intenta ver a esas personas como simples rivales, no como enemigos. Este cambio de perspectiva fomentará una competitividad amistosa en vez de un conflicto, y ayudará a forjar relaciones que buscan el crecimiento mutuo.

9

NO VIGILES CADA
MOVIMIENTO DEL OTRO

Esto repele en lugar de atraer

Las personas no confían en quienes siempre están vigilándolos.

«Si hago esto, ¿me gritará?».

«Si digo esto, ¿se enfadará?».

Para evitar ofender o enfadar a los demás, resulta imprescindible que tengas en cuenta sus sentimientos.

Pero debes preocuparte realmente por sus sentimientos, no por quedar mal a causa de tu comportamiento. Cuando vigilas cada movimiento de otra persona para tratar de ajustar tu comportamiento al suyo, se percibe como algo antinatural y levanta sospechas.

Todos somos diferentes y debemos ser tratados en consecuencia. En teoría, si interactuases con diez personas, tendrías que comportarte de diez maneras diferentes para llevarte bien con todas ellas.

Pero eso sería agotador, y hasta podrías perder de vista a tu verdadero yo mientras los demás empiezan a dudar de tu sinceridad. Un yo coherente (que no cambie dependiendo de la otra persona) es la clave para establecer relaciones auténticas y de confianza.

10

COMPROMÉTETE A OBSERVAR, NO A INTERVENIR

Esto se aplica tanto a las relaciones con niños como con empleados

Tus intenciones pueden ser buenas, pero es mejor tener paciencia.

Algunos padres regañan y critican a sus hijos porque no aprueban lo que hacen o cómo se comportan. Del mismo modo, algunos jefes provocan a sus empleados y les dan una orden tras otra porque no soportan la ineficiencia y la desorganización.

Estas conductas pueden provenir del amor paterno o del deseo genuino de que el otro aprenda y haga las cosas bien, pero no promueven la capacidad del niño o del empleado para pensar y actuar por sí mismo.

Si actúas de esa manera, entiendo cómo te sientes. Tus intenciones pueden ser buenas, pero es mejor que tengas paciencia. Intenta observar en silencio, sin hacer comentarios que no te hayan pedido. Esta forma de participación fomentará el desarrollo de tu protegido.

Por supuesto, si crees que alguien se encamina hacia un problema o está en peligro, deberías intervenir. Ayúdalos con algunos consejos amables. Y si buscan una mayor orientación, enmarca tu respuesta de este modo: «Si yo fuera tú, haría esto...». Luego vuelve simplemente a observar.

Los comentarios que nadie ha pedido provocan estrés. Como adultos o personas en una posición superior, debemos comprometernos a observar, no a intervenir.

11

DISFRUTA TU TIEMPO
A SOLAS

No te juntes con otros porque te sientes solo

Sigue los pasos de Saigyo.

No puedo dejar de pensar que, desde que entramos en la era de los teléfonos inteligentes, nos hemos vuelto reacios a la soledad. Tal vez nos hemos acostumbrado a estar en contacto constante con otras personas, a conversar con ellas como si estuvieran a nuestro lado. Parece que ya no soportamos el hecho de pasar tiempo solos o de tener tiempo libre sin nada que hacer.

Es una lástima. El tiempo en soledad es fundamental. Necesitas tiempo a solas con tus pensamientos para examinar dónde has estado y hacia dónde vas; para cuestionar tu comportamiento; para reflexionar sobre lo que ha ocurrido en el mundo y cómo te afecta... Y la lista continúa. Mientras estés rodeado de personas, no tendrás un momento a solas.

Desde la Antigüedad, los japoneses han valorado la vida tranquila en soledad, rodeados de la abundancia de la naturaleza, como la máxima expresión de lujo. El famoso Saigyo (1118-1190), monje y poeta tanka que vivió desde finales del período Heian hasta el período Kamakura, encarnaba este estilo de vida.

Debemos esforzarnos por alcanzar la conciencia y la introspección que ofrece el tiempo a solas. Es un tipo de lujo que fomenta una mejor forma de vida.

12

NO PUEDES HACER LO QUE NO PUEDES HACER

Aprende a decir que no

No te conviertas en maestro de todo.

Cuando tus colegas se sientan abrumados por el trabajo, ya tengan más o menos experiencia que tú, échales una mano, pues es lo correcto. Pero no lo hagas cuando tú también estés ocupado. Calcula cuánto trabajo tienes y cuáles son tus plazos, y luego decide si tiene sentido ayudarles.

Es bueno que haya personas que pueden analizar estas situaciones y decir que no, aunque siempre hay compañeros a quienes les cuesta hacerlo. En ocasiones, hasta sacrifican su propio trabajo para asistir a los demás.

Esto puede convertirse en todo un problema para ti si tus colegas llegan a pensar que nunca te niegas a ayudar. Los descarados te enterrarán bajo una montaña de «favores» laborales y te tratarán como a un todoterreno que sirve lo mismo para un fregado que para un barrido.

Si crees que podrías estar en esa situación, debes dejar de preocuparte por caer mal si dices que no. Además, si no logras acabar el trabajo que te ofreciste a hacer, habrás provocado más daños que beneficios. Por eso es importante que comuniques con claridad lo que puedes y no puedes hacer.

13

ACEPTA TU DESTINO

De este modo tu vida fluirá sin problemas

Una forma de pensar y de vivir que alegrará tu espíritu.

«Fortuna» o «destino» son palabras que suelen asociarse a las relaciones personales, pero también a los pequeños detalles de la vida cotidiana. Permitiendo que el destino guíe nuestras acciones, podemos conseguir que nuestra vida fluya sin problemas.

Si algo no sale como querías, siempre podrás decir: «No estaba escrito en las estrellas». Quizás eso signifique no ser admitido en cierta universidad, no conseguir un empleo en una empresa en particular, que se rompa un acuerdo comercial, que un proyecto se acabe, tener que rechazar una invitación por un conflicto de horarios o una pareja romántica que nunca llegaste a conocer…

¿No te parece liberador pensar en todo esto como algo que, sencillamente, no estaba destinado a ser? ¿Acaso no te tranquiliza?

De manera parecida, no es una buena idea resistirse al destino tratando de forzar las cosas. Digamos que te surge una buena oportunidad, pero ya tienes otro compromiso: deberías priorizarlo rechazando esta nueva oportunidad. Es un error evaluar las cosas a partir de un cálculo de costes y beneficios. En su lugar, si aceptas tu destino no te equivocarás. De hecho, tu vida seguirá su curso natural.

14

OPONTE AL REDUCCIONISTA
ANÁLISIS DE COSTES Y
BENEFICIOS

Esos cálculos no te servirán

Para quienes tienden a pensar en términos binarios.

Bueno o malo, amado u odiado, divertido o aburrido, fácil o difícil, valorado o despreciado...; cuando se trata de tomar decisiones, la gente tiende a pensar en términos binarios.

Antes de aceptar un proyecto, en especial de trabajo, no es raro evaluar inmediatamente los costes y beneficios: «¿Me ayudará a mejorar mi reputación?». «¿Me resultará útil a largo plazo?».

Pero cuando tus decisiones se basan en costes y beneficios, las cosas rara vez salen como las imaginaste. Quizás pienses: «Este proyecto es demasiado fácil; no será apreciado ni aunque haga un buen trabajo, así que no merece la pena». Sin embargo, esto no significa que no existan posibilidades de que conduzca a una recompensa mayor.

Por otro lado, aunque digas: «Parece una gran oportunidad. Si todo sale bien, puedo conseguir un ascenso», todavía hay muchas cosas que podrían salir mal, incluso cuando te esfuerzas al máximo por el éxito.

Lo importante es que utilices tu ingenio para sacar todo el provecho a las oportunidades que se te presenten. Ese extra que ofreces será valorado y te ayudará a garantizar un resultado positivo.

15

NO TE DEJES MANIPULAR
POR LAS REDES SOCIALES

Internet está lleno de batallas inútiles

No olvides que las redes sociales solo son una herramienta.

Incluso los presidentes de Gobierno y otros mandatarios están actualmente en las redes sociales, y las utilizan para opinar sobre todo tipo de asuntos, desde disputas banales hasta temas de importancia nacional. Resulta difícil no verlas como un recurso formidable para el libre intercambio de información.

Pero si puedo hacerte una advertencia, sería sobre el peligro de ser manipulado por las redes sociales. Al no poder ver los rostros de los demás, las personas se vuelven menos consideradas, lo cual facilita que las discusiones se intensifiquen con rapidez. Para evitar las batallas inútiles, la clave es mantener cierta distancia y no involucrarse de manera precipitada.

Y, por supuesto, también está el problema de las noticias inventadas con mala fe que proliferan entre toda la información disponible y que tienen el potencial de difamar y provocar disturbios en todo el mundo. Es importante que quienes usamos las redes sociales podamos identificar aquello que es falso. Después de todo, las redes sociales no son más que un medio de comunicación y debemos utilizarlas con prudencia.

16

«SÉ HUMILDE, SÉ HUMILDE, SÉ HUMILDE»

Déjate de alardear

Las personas, sin darse cuenta, suelen ser condescendientes con los demás.

Resulta sorprendente cuánto alardea la gente.

Es difícil resistir la tentación de presumir. Tal vez sea una expresión del deseo de ser respetados por quienes nos rodean.

Cuanto más presumes, más raíces echa en ti una confianza arbitraria. Comienzas a pensar que eres superior, que tienes ciertos talentos o un paladar exquisito o cualquier otra cosa.

Las redes sociales lo alientan, y ahora parece que cada vez más personas, sin ni siquiera darse cuenta, adoptan una actitud condescendiente hacia los demás.

Esto es lamentable, ya que quienes actúan de manera arrogante tienden a provocar ansiedad en los demás.

Por lo tanto, primero déjate de chulerías. Luego, asegúrate de que tus palabras y acciones no han sido condescendientes, y, si sientes que es así, recuérdate a ti mismo: «Sé humilde, sé humilde, sé humilde».

17

DALE MÁS IMPORTANCIA
AL BUEN HUMOR

Desarrolla tus habilidades para hacer cumplidos

Consejos rápidos y fáciles para hacer cumplidos.

Nadie se siente mal cuando le hacen un cumplido. Sin importar lo desagradable que pueda ser una persona, se puede establecer una conexión instantánea simplemente con unas palabras atentas. Esto permite crear una especie de círculo del buen humor.

Saber con exactitud qué hay que elogiar puede resultar difícil. Elegir algo de la nada podría provocar distracciones y desanimar, mientras que los cumplidos demasiado obvios podrían parecer poco sinceros y carentes de autenticidad. Además, encontrar algo que elogiar cuando no conoces bien a alguien puede ser todo un reto.

Hacer un simple cumplido sobre la apariencia (ya sea la ropa o las pertenencias) es lo más rápido y sencillo.

«¡Qué corbata más bonita! ¿Dónde la has comprado?».

«Me gusta el estampado de tu traje. Queda muy bien con el gris».

«Tus zapatos siempre están brillantes. Ya sabes lo que dicen: "Los zapatos hacen al hombre"».

Y así sucesivamente. Evita ser adulador. Encuentra algo que la persona pueda apreciar y luego haz el elogio con naturalidad. Mientras no esté fuera de lugar, un halago bien elegido siempre ayuda a forjar buenas relaciones.

18

DEJA DE LADO TUS
SENTIMIENTOS

Es el truco para llevarse bien con los adversarios

Otra posibilidad es cerrar los ojos ante las cualidades desagradables de otra persona.

En tu vida personal, nunca elegirías pasar tiempo con alguien que odias. «No tenemos nada en común» es motivo suficiente para apartarse de alguien.

Esto es más difícil de hacer en tu vida profesional. No puedes decir: «No me gusta, así que no voy a relacionarme con esta persona». Si dices para tus adentros: «No me gusta esta persona, ojalá no tuviera que trabajar con ella», se reflejará en tus expresiones y comportamientos, lo cual hará poco probable que vuestras interacciones fluyan.

Entonces, ¿qué deberías hacer? No tienes otra opción que ser práctico. Mantén la relación lo bastante buena como para poder trabajar juntos, pero no la hagas más profunda.

Hay un truco para llevarse bien con los adversarios. Como se perciben todavía más las malas cualidades de alguien que no te gusta, esfuérzate por no prestarle atención. Cuando diga o haga algo desagradable, piensa: «¡Ah! Ahí va otra vez», y trata de dejarlo ahí. Otra alternativa es cambiar de tema o buscar una excusa para alejarte; hay varias opciones. El tema es que si logras dejar de lado tus sentimientos y mantenerte neutral en tus relaciones profesionales, es probable que te lleves bien.

19

NO PERSIGAS A QUIEN SE VA

Es mejor decir, simplemente, adiós

Deja los encuentros con los demás en manos del destino.

Un colega del trabajo deja la empresa.

Un compañero con el que te llevabas bien tras haber trabajado en proyectos extenuantes deja el equipo.

Trasladan al colega con quien sueles ir a tomar algo y se muda.

No importa cómo suceda, perder a un amigo siempre es doloroso. El apego puede ser tan fuerte que sientas la necesidad de correr tras él.

Pero, como expresa el dicho zen: «No persigas a quien se va». Es mejor decir, simplemente, adiós, a prolongar el dolor de la separación. Después de todo, cuando una relación se rompe, solo es el fin del vínculo que mantenía unidas a dos personas de cierta manera. En ocasiones, la conexión puede restaurarse o puede transformarse en una relación intermitente.

Igual de importante es la segunda parte del dicho: «No apartes a quien llega a ti». Lo fundamental es cuándo y cómo conoces a alguien, así como qué os ha unido. La conexión humana no puede manipularse; es un giro natural del destino. Así que, con esta actitud, «no persigas a quien se va, ni apartes a quien llega a ti».

20

DEJA LOS ÉXITOS PASADOS EN EL PASADO

No te demores para avanzar hacia lo que te espera

Cómo saber cuándo debes retirarte con gracia.

En cualquier camino cuesta arriba, llega un punto en el que sabes que «aquí es donde termina el ascenso».

De igual manera, esto se aplica a la vida y al trabajo.

Incluso cuando todo marcha bien, un ciclo «ascendente» no puede durar para siempre. En cierto momento, las cosas se dan la vuelta.

En especial en el trabajo, si no puedes ver cuándo ha llegado ese momento (por ejemplo, la hora de irte), entonces tu influencia disminuirá y correrás el riesgo de aferrarte a los éxitos del pasado.

Para evitarlo, tienes que ponerte metas. Una vez que las cumplas y alcances la cuota de éxito que buscabas, considéralo como un punto de inflexión.

Deja de lado cualquier apego a tu capacidad de seguir luchando; es mejor dar un paso al lado y buscar un nuevo desafío.

Recuerda que el momento ideal para retirarte es cuando estás en tu apogeo. Luego, llega la hora de avanzar hacia una nueva etapa.

21

TEN CUIDADO CON LAS PERSONAS NEGATIVAS

Puede ser peligroso incluso asentirles en señal de acuerdo

Lo prudente es mantener la mayor distancia posible.

Las personas suelen dejar que sus emociones negativas se descontrolen, afectando a quienes las rodean.

Pueden alarmar a los demás levantando la voz, despotricando y gritando.

O quizás los incomoden con una mirada fulminante o poniendo mala cara.

O pueden sembrar el caos desahogando sus penas con cualquiera.

O tal vez acaben con el entusiasmo de los demás con su pesimismo.

Cuando te cruces con este tipo de personas, lo mejor es que te alejes. Mucha gente encuentra tedioso lidiar con personalidades así y, en su lugar, prefiere asentir en los momentos apropiados. Pero no decir nada es parecido a involucrarse, así que es mejor no hacerlo. Lo único que hiciste fue asentir, pero ahora te ven como un aliado y podrías quedarte atrapado.

Aprende a detectar que alguien está desahogando contigo sus emociones negativas.

Y luego mantén la distancia, literalmente. Decir que necesitas ir al baño es solo una manera de emprender una rápida escapada.

SEGUNDA PARTE

NO TE PREOCUPES POR CADA DETALLE

*Cómo dejar de lado la ansiedad,
la impaciencia y la ira*

22

SI NO PUEDES ESTAR SEGURO, DEJA DE PREOCUPARTE

Es mejor no vivir con miedo

Afronta los problemas que tienes delante.

En el trasfondo de la ansiedad está el deseo de saber algo que nunca sabrás, sin importar cuántas vueltas le des. Un ejemplo clásico es la ansiedad sobre el futuro.

El futuro puede predecirse hasta cierto punto, pues nunca podremos saber qué pasará de verdad. Hay cosas que tienen una probabilidad de suceder del cien por cien y que nunca suceden, mientras que otras son improbables en un 120 por cien y terminan sucediendo. No importa cuánta información recopiles, ni cuánto tiempo o esfuerzo pongas en pensar en ello: predecir el futuro es cuestión de azar.

Evidentemente, si te preocupa algo que es probable que ocurra, lo mejor es que hagas algo al respecto cuanto antes. Pero no tiene sentido preocuparse por lo que puede o no puede pasar. Es mejor que dediques tu energía a lo que tienes justo delante. Si te concentras en lo que puedes resolver ahora mismo, siempre existe la posibilidad de que cambie el futuro que tanto te preocupaba.

Es inútil angustiarse por el futuro cuando no puedes saber qué ocurrirá. Lo único que podemos hacer es intentar resolver los problemas cuando ocurran de verdad.

23

DESARROLLA LA HABILIDAD DE OLVIDAR

Protegerá tu salud mental

¿Estás acumulando basura mental?

Según una teoría, la capacidad de olvidar forma parte del instinto de supervivencia. Si recordáramos hasta el último detalle desagradable de nuestra vida, nos desmoralizaríamos.

Como dice el refrán: «Peligro pasado, santo olvidado». En otras palabras, una vez transcurrido el tiempo, está en la naturaleza de los seres humanos olvidar lo desagradable de casi cualquier experiencia.

Pero, aunque puede ser bueno olvidar las cosas triviales, no sucede lo mismo con las cosas que son simplemente inoportunas o de las que deberías haber aprendido. En lugar de borrarlas de tu mente por completo, guárdalas en una especie de cajón de la memoria que puedas abrir y cerrar cuando sea necesario.

Si sucede algo que preferirías olvidar, permítete experimentar los sentimientos negativos que están implicados para después decir «¡basta!» y meterlos en el cajón de la memoria, dejando lo ocurrido a un lado.

Las cosas que prefieres olvidar pueden acumularse y convertirse en basura mental, pero si las relegas al cajón de la memoria, tienen el potencial de funcionar para tu crecimiento, siempre que las ordenes de la manera correcta.

24

RELÁJATE MÁS

*Pon algo de distancia entre tú y las
expectativas de los demás*

Haz con calma lo que debes hacer.

Cuando tu jefe dice «cuento contigo», es normal que sientas que deberás esforzarte.

Está muy bien. Pero cuando empiezas a sentir la presión por cumplir con las expectativas de los demás, puede resultar agotador tanto en el sentido físico como en el mental. Ya no sientes la libertad de hacer algo de manera natural.

Cuando eso sucede, en lugar de cumplir con las expectativas, te sientes ansioso y te cuesta conseguir resultados. Pero no debes atormentarte, ya que, desde un comienzo, tu capacidad para complacer a los demás no estaba garantizada.

Relájate más. Las expectativas de tu jefe siempre han sido eso: las expectativas de tu jefe. No son tuyas. Y, sin importar cuáles sean, solo debes seguir con tu trabajo como tú sabes.

Si resulta que tus resultados no cumplen las expectativas de tu superior, no pasa nada; intenta hacerlo mejor la próxima vez. En este sentido, es bueno que pongas distancia entre tú y las expectativas de los demás. Cuanta más distancia haya entre tú y quienes te piden hacer algo, menos sentirás el peso de sus expectativas.

25

QUÍTATE LA MÁSCARA
DE «BUENA PERSONA»

Antes de perder de vista tu verdadero yo

El peligro de dejarte la máscara puesta.

Cuando usas una máscara, es imposible ver cómo es tu rostro.

Tu peor enemigo podría estar mirándote mal, pero si lleva una máscara sonriente y habla con voz tranquila, sentirás algo muy diferente respecto a él. Podríamos decir que las máscaras son muy prácticas a la hora de ocultar la verdadera naturaleza de una persona.

Aunque no se usen máscaras en sentido literal, se puede adoptar una actitud falsa para ocultar lo que se siente de verdad. Es solo otro tipo de máscara.

Todos queremos ser considerados buenas personas. Eso es precisamente lo que lleva a muchos a ponerse una máscara, pero no es bueno dejársela puesta todo el tiempo, porque se corre el riesgo de olvidar cómo es nuestro verdadero yo.

Creo que cada vez más personas adoptan una personalidad falsa todo el tiempo, tal vez porque interactúan cada vez más en las redes sociales, en lugar de en la vida real, lo cual puede ser peligroso. Viven sus vidas detrás de máscaras, en vez de hacerlo como ellos mismos.

26

NO TE COMPARES
CON LOS DEMÁS

No hay nada más inútil

No te sientas obligado a hacer comparaciones...

Puede ser desmoralizante compararte con alguien y sentir que te falta algo. Por el contrario, sentir que eres mejor que alguien puede animarte. Forma parte de la naturaleza humana.

Nadie quiere ser alguien corriente, así que resulta lógico que nos angustie el hecho de estar por debajo del promedio, mientras que lo contrario nos brinda seguridad.

Sin embargo, no hay nada más inútil que compararse con los demás. De igual modo que no existe un estándar universal para medir el valor de alguien, es imposible determinar el mérito de una persona comparándola con otras.

Si aun así quieres hacerlo, contrasta tu yo actual con tu mejor versión. Esto podría motivar tu desarrollo personal.

Si descubres que estás por debajo de tu mejor versión, esfuérzate más. Y si descubres que la has superado, entonces establece una nueva meta y continúa esforzándote. Es muy positivo empezar un ciclo de esta manera.

27

PREOCUPARSE POR LOS DEMÁS ES UNA CAUSA PERDIDA

No te dejes engañar por las estadísticas

No existe una manera «normal» de vivir.

Para continuar con la discusión del capítulo anterior sobre los peligros de compararse con los demás, todos los días los medios de comunicación aportan datos estadísticos sobre nuestras vidas. Los ingresos promedio anuales por grupo de edad o sector; la edad promedio para casarse o comprar una casa; los ahorros promedio en cada etapa de la vida; la cantidad promedio necesaria para vivir cómodamente en la vejez… En apariencia, hay muchas personas interesadas al respecto.

Pero todo lo que son es eso: estadísticas. No pueden servir de guías sobre cómo debemos vivir. Aunque podrías decir que tu meta es ser considerado alguien superior al promedio, a la normalidad, no habría mayor despropósito.

Es mucho más probable que lleves una vida placentera y relajada si no te preocupas por los demás y te atienes a tus valores. Es mejor decir: «Voy a vivir mi vida de esta manera. No sé si será lo típico, pero no importa, porque no quiero guiarme por la normalidad». Además, no existe tal cosa como una vida «normal». Un objetivo de las estadísticas es influir en la opinión y el comportamiento de los consumidores, así que no te dejes engañar por su atractivo.

28

VALORA LO QUE HACE DISTINTO A CADA UNO

Hazlo y nunca te sentirás como alguien inseguro o arrogante

Es la forma de respetar la individualidad de los demás.

¿Aprendiste a compararte desde que eras pequeño?

Es comprensible. A todos nosotros, desde que tenemos memoria, se nos ha comparado con quienes nos rodeaban; desde las calificaciones hasta lo rápido que podíamos correr.

He dicho en varias ocasiones que debemos dejar de compararnos con los demás, pero sucede que algunos, sencillamente, no pueden evitarlo.

Si te encuentras haciéndolo, intenta decirte a ti mismo: «No se trata de quién es mejor o peor; solo somos diferentes. Es fascinante».

Descubrirás que tienes cualidades que los demás no tienen, y viceversa. Notarás cosas interesantes sobre los demás. Te darás cuenta de que todos tenemos personalidades que nos distinguen, y que es importante aprovecharlas al máximo.

Una vez que lo hayas comprendido, no necesitarás clasificarte en relación con los demás y, por lo tanto, tampoco te sentirás como una persona insegura ni arrogante. Aprender a disfrutar nuestras diferencias puede ayudarnos a mejorar nuestras relaciones.

29

NO TE SORPRENDAS POR LAS PROMESAS SIN CUMPLIR

Tómatelo con calma

Piensa en ellas con empatía, en lugar de enfado.

Las traiciones suelen clasificarse en dos categorías:

Una tiene la forma de promesas sin cumplir. Por ejemplo: «¿Qué quieres decir con que aún no has comenzado? ¿Cuántas veces te he recordado la fecha límite?». O «Dijiste que vendrías a tomar algo, y ahora lo cancelas en el último minuto». En estos casos, creíste que los demás respetarían sus promesas, y traicionaron tu confianza.

La otra forma de la traición es aún más decepcionante: cuando nuestras expectativas son demasiado altas y los resultados no llegan a cumplirlas. Tendemos a sentirnos más engañados por este tipo de traición.

Sin importar cómo nos sintamos ante una traición, el problema siempre es nuestro, pues somos nosotros quienes tenemos que lidiar con ello. En los ejemplos anteriores, quienes nos traicionaron podrían decir algo como: «Prometí hacerlo, pero no lo conseguí y no puedo hacer nada» o «Siento decepcionarte, pero no voy a llegar a tiempo». La mayoría de las veces, las personas no tienen la intención de traicionar.

Es mejor pensar en estas decepciones con empatía, en lugar de frustración. No te sorprendas por las promesas sin cumplir. Aprende a gestionar tus expectativas. Tendrás menos propensión a perder la compostura.

30
—

«BUENO, ESTAS COSAS PASAN»

Estas sencillas palabras te harán sentir mejor

Los sucesos inesperados hacen que la vida sea más interesante.

En la vida ocurren todo tipo de cosas. Podríamos decir que la vida es solo una serie de sucesos imprevistos.

Pero una vez que vives algo una vez, lo que antes era inesperado se convierte en parte de tu vida.

Con el tiempo, dejará de sorprenderte: «Bueno, estas cosas pasan».

Se suele decir que las personas maduran con la edad. Quizás sea el resultado de la acumulación de experiencias y de la capacidad de decir: «Estas cosas pasan».

La vida puede ser como una obra de teatro sin guion. Esta es una razón más para disfrutar de la improvisación, ¿no crees?

Y entonces, cuando ocurra algo inesperado, sencillamente podrás decirte: «Estas cosas pasan». Verás que estas sencillas palabras te harán sentir mucho mejor.

31

NO TE MANIPULES
A TI MISMO

*Las tretas son simple entretenimiento
para desconocidos*

Enfréntate a tu verdadero yo.

En el mundo de las redes sociales, es habitual manipular la propia imagen. Las personas ajustan tanto el modo en que se presentan que resulta imposible saber quiénes son de verdad. Incluso quienes se conocen en la vida real manipulan su imagen como parte del entretenimiento en línea.

El problema surge cuando el deseo de que nos vean bien o piensen bien de nosotros nos lleva a llenar nuestras publicaciones de mentiras o a recurrir a engaños en fotos y vídeos.

Mientras sigas manipulando tu imagen, nunca desarrollarás la persona que eres en realidad. Dicho de otro modo, puedes presentarte a los demás como quieras, pero eso no te cambiará en absoluto por dentro.

Así que dejemos de dedicarle energía a estas cosas. Cuando mientes a los demás para que no se rían de ti, quizás terminen burlándose porque te esfuerzas demasiado. Es mejor dirigir los esfuerzos hacia nuestro interior. Tal vez este sea el verdadero significado de manipularse a uno mismo.

32

SI VAS A JUZGARTE, HAZLO CON TU «YO DEL PASADO»

Cambia el objeto de tus comparaciones

Deja de juzgarte desde fuera.

Ya que hemos hablado de manipular la imagen, quiero mencionar algo más: cuando decidimos qué aspectos de nosotros mostraremos al mundo, solemos hacerlo basándonos en opiniones ajenas. En lugar de preguntar «¿Cómo me veo a mí mismo?», nos preguntamos «¿Cómo me ven los demás?». Y la respuesta determina nuestro comportamiento.

Cuando publicas en las redes sociales algo que otros desearían tener o experimentar, recibes una lluvia de «me gusta». Quizás eso te haga sentir bien, pero no tiene sentido si tergiversas los hechos para mejorar tu imagen. La brecha con la realidad se hará más grande y, al final, no podrás mantener la farsa.

No eres ni más ni menos de lo que eres. Solo tienes que verte y presentarte con sinceridad, sin que te importen los éxitos de los demás.

A partir de hoy, aprende a valorarte no en función de cómo te perciben los demás, sino en comparación con tu «yo del pasado». Así podrás disfrutar del hecho de que hoy puedes hacer algo que antes no podías hacer. Mi pronóstico es que, poco a poco, descubrirás tu verdadero yo.

33

OLVIDA LAS COSAS QUE HAS HECHO POR LOS DEMÁS

Comprometes la amabilidad cuando esperas algo a cambio

Esperar reciprocidad llevará a la decepción.

Siempre digo: «No hay ninguna honra en ser condescendiente cuando ayudas a alguien». Y hay otro dicho que vale la pena recordar: «Graba en piedra la amabilidad que recibes; deja que la buena voluntad fluya como el agua».

Cuando ayudas o cuidas a alguien con la bondad de tu corazón, no esperas nada a cambio. Sin embargo, si ayudas presuponiendo que será recíproco, estás creando un escenario para tu propia decepción si no se produce.

Suelo escuchar cosas como: «Le conseguí un buen trabajo, pero nunca me ha dado las gracias. ¡Qué grosero!» o «Cada vez que algo le sale mal, viene a quejarse conmigo, pero cuando yo tengo un problema, hace como si no fuera con él. Su egoísmo es increíble». La mejor manera de evitar estos sentimientos negativos es olvidar las cosas que has hecho por los demás.

Sin embargo, asegúrate de ser agradecido cuando alguien haga algo por ti. Luego comprométete contigo mismo para ayudarlos en algún momento, y hazlo. A esto me refiero con que valores la conexión con los demás.

34

REFLEXIONA SOBRE TI MISMO CONSTANTEMENTE

*Quizás te des cuenta de que tú también
estabas siendo egoísta*

Busca un camino que satisfaga a todos los involucrados.

Cuando observo cómo se comportan los líderes mundiales, me resulta difícil no desesperarme ante la idea de que la paz mundial es un sueño imposible. Cada país parece insistir en poner sus intereses en primer lugar.

Por supuesto, los políticos trabajan por el bien de sus países, por lo que es natural que los prioricen. Pero, dado que el mundo es interdependiente, si otros países no prosperan, el nuestro tampoco lo hará. Buscar un camino que satisfaga a todos los involucrados es también una manera de dirigirse hacia la paz.

Este es el tipo de idea que defiende el «Camino Medio» del budismo, y que funciona igual de bien a nivel individual. Mientras que las ventajas y desventajas de un acuerdo varían dependiendo de la perspectiva, la clave es buscar una solución justa, en la que ambas partes hagan concesiones y sacrificios.

Por desgracia, en los últimos años ha predominado la actitud de «yo primero». Pero antes de criticar a alguien por ser egoísta, revisa tus propias acciones. Reconociendo que tú también podrías haberlo sido, quizás mejoren tus relaciones.

35

DA LAS GRACIAS A QUIENES TE HAN APOYADO

No puedes conseguir mucho por tu cuenta

En todos los puestos de trabajo, existen héroes anónimos.

No importa dónde trabajes, siempre hay puestos que se consideran «trabajos para una sola persona». Pensemos, por ejemplo, en ventas: hay alguien que visita a ciertos clientes y consigue un contrato. Lo mismo ocurre con la preparación de documentos (ya sea una propuesta, un informe, un acta o una presentación para una conferencia), la mayoría cree que solo una persona es capaz de hacerlo.

Pero, en realidad, existen pocas tareas que pueda terminar una sola persona. La mayoría exige la cooperación de varias.

Cuando ves las cosas desde esta perspectiva, reconoces que no puedes hacer mucho por tu cuenta. Sin embargo, algunas personas parecen aprovechar cada oportunidad para presumir sobre sus propios esfuerzos: «Eso se hizo gracias a mí» u «Obtuvimos esos resultados solo gracias a mí». Es una vergüenza.

No debes olvidar que, en cada supuesto trabajo solitario, hay compañeros que ofrecen su ayuda y clientes sin los cuales no habría un proyecto en el que trabajar. Estas personas son los héroes anónimos que hay detrás de muchos «trabajos para una sola persona». Asegúrate de darles las gracias.

36

NO PRESTES ATENCIÓN A
LAS PEQUEÑAS DIFERENCIAS

Al final, no hay nada de qué preocuparse

En su lugar, presta atención a las grandes diferencias.

Las relaciones entre jefes y empleados no suelen ser demasiado buenas cuando hay poca diferencia de edad entre ellos. Más allá de la rivalidad, pueden aparecer otros sentimientos: tal vez el jefe no quiera ceder ante alguien que considera menos experimentado o el empleado no desee recibir órdenes de alguien que es solo unos años mayor.

Cuando hay diez o veinte años de diferencia, es menos probable que se vean como rivales. El jefe puede creer que aún tiene autoridad, mientras que el empleado puede mostrarle el debido respeto.

Lo mismo puede decirse sobre la experiencia laboral, las habilidades y el rango. Las pequeñas diferencias tienden a provocar la competitividad. Pero si la diferencia es más pronunciada, la dinámica se vuelve menos competitiva.

Sin embargo, tendría que ser al revés. ¿Las pequeñas diferencias no deberían ser irrelevantes? Cuando las cosas son parecidas, en realidad no hay de qué preocuparse. Es mejor prestar atención a las grandes diferencias. Si te propones cerrar la brecha en el rango, las habilidades o la experiencia, podrás enfocarte en tus propios logros y desarrollarte como profesional.

37

APRENDE A CONVERTIR LAS EXPERIENCIAS DIFÍCILES EN HISTORIAS DIVERTIDAS

La clave es darles tiempo

En la vida podemos superar la mayoría de las cosas aprendiendo a reírnos de ellas.

Dificultades, dolor, frustración, tristeza, errores…; algunas personas tienen la habilidad de contar historias divertidas sobre cosas que, por lo general, provocarían malestar en quien escucha. En ocasiones, hacerlo hasta ayuda a quien cuenta la historia a transformar sus sentimientos negativos en otros más positivos.

Pero puede resultar difícil hablar con trivialidad de experiencias difíciles justo después de que hayan ocurrido. E incluso, si logras hacerlo, quizás quienes escuchen no lo encuentren divertido. Podrías alejarlos si te consideran insensible y piensen que estás banalizando la desgracia.

La clave es dejar que pase el tiempo suficiente después de lo ocurrido, para que hayas podido procesar cómo te sientes. Entonces las cosas se suavizarán. La amargura madurará hacia una forma más dulce, como un vino añejo. A medida que se procesa lo sucedido, se hace más fácil convertirlo en una historia divertida.

No importa lo desagradable que sea una experiencia; si puedes hablar de ella con humor, no tendrás que ir cargando con sentimientos negativos. En la vida, puedes aprender a reírte de la mayoría de las cosas.

38

DEJA DE ARREPENTIRTE Y COMIENZA A REFLEXIONAR

Cómo sacar el máximo partido a tus errores

Enfócate en el proceso más que en los resultados.

A menudo, arrepentirnos de los errores pasados lleva nuestras emociones hacia una dirección negativa.

«No debería haber hecho eso».

«Ojalá no hubiera dicho eso».

«Si tan solo hubiera tomado otra decisión».

«No tendría que haber elegido este camino».

Nos seguimos arrepintiendo de cosas que ya han pasado, incluso cuando sabemos que es demasiado tarde para volver atrás. Le sucede a todo el mundo.

Lo importante es cambiar una mentalidad de arrepentimiento por otra de reflexión.

«¡Oh! Hice algo mal, pero ¿qué exactamente? Volveré a analizar lo sucedido».

Es posible ver los errores como una oportunidad para aprender y evitar que se repitan en el futuro.

Es una manera de cambiar el modo en que cargamos con el pasado.

39

DESHAZTE DE LAS COSAS QUE NO UTILIZAS

Deshacerte de cosas aligera el espíritu

Esos objetos son como un exceso de grasas saturadas.

Durante los confinamientos por COVID-19, muchas personas se deshicieron de los objetos que no utilizaban de una vez por todas.

Esto fue algo muy bueno que podría considerarse una consecuencia positiva de la pandemia.

Sin embargo, al deshacerte de cosas que ya no utilizas, te podría preocupar estar derrochando. No lo hagas. Cuantos más objetos sin usar acumules en tu hogar, más pesarán sobre tu espíritu.

Es como comer comida con exceso de grasas saturadas que provocan problemas de salud.

Pongamos como ejemplo la ropa que ya no utilizas. Crea tres categorías: prendas que no has usado en tres años; prendas que has usado una o dos veces en los últimos tres años, pero que no son tus favoritas, y prendas que no usas a menudo pero que adoras. Para las dos primeras categorías, lo mejor sería deshacerte de ellas, sin importar lo caras que fueron o que creas que las usarás de nuevo. No solo te estarás deshaciendo de ropa innecesaria, sino que también aligerarás tu espíritu de forma radical.

40

CEDERLO EN LUGAR
DE TIRARLO

*La forma más inteligente de deshacerse
de objetos es alargando su vida útil*

La sutil diferencia entre tirar y ceder.

Tirar cosas es un desperdicio.

Sin embargo, no hay mucha diferencia entre desechar algo y, simplemente, guardarlo.

Cuando piensas en la vida útil de un objeto, tirarlo y guardarlo tienen el mismo efecto: no estás aprovechando su potencial.

En su lugar, piensa en cedérselo a otra persona.

Incluso después de haberte desprendido de algo, puedes darle una nueva vida poniéndolo en manos de alguien que lo necesite.

Por lo tanto, es maravilloso alargar la vida de un objeto cediéndolo, ya sea vendiéndolo en un mercado de segunda mano, donándolo o regalándoselo a un amigo.

Hacerlo puede aliviar tu sentimiento de culpa por tirar algo y también aligerar tu espíritu al eliminar el desorden en tu hogar. Así matas dos pájaros de un tiro.

TERCERA PARTE

MODERA TODAS TUS REACCIONES

Prácticas que no te desanimarán

41

NO TE LO TOMES TODO
AL PIE DE LA LETRA

Protección contra personas insensibles

Cuando te preguntas: «¿Cuál ha sido la intención de esta persona?».

¿Por qué diría alguien esto?

¿Qué intención hay detrás de sus palabras?

Con frecuencia, no podemos tomarnos las palabras de forma literal, y tratamos de averiguar las verdaderas intenciones de una persona.

Los mejores indicadores de lo que alguien quiere decir de verdad son sus expresiones faciales y su entonación. La forma en que una persona se muestra y suena puede transmitir un estado mental que no quiere expresar, y podemos deducir información importante de estas señales.

Pero hay muchas personas que dicen lo primero que se les ocurre, sin ningún significado profundo. Y lo hacen sin que les importe herir los sentimientos de otro. La mayoría de ellos son, simplemente, insensibles.

No hay necesidad de tomar al pie de la letra lo que estas personas dicen. Para comenzar, sus comentarios impulsivos y descuidados son insignificantes. Esfuérzate por recordar que no tiene ningún sentido reaccionar.

42

DECIDE CUÁNDO
DEBES BLOQUEAR LA
INFORMACIÓN

Un hábito fundamental para la calma interior

No dejes los ojos y los oídos abiertos todo el tiempo.

Vemos cosas que preferiríamos no ver y que sería mejor no haber visto.

Oímos cosas que preferiríamos no oír y que sería mejor no haber oído.

Nos enteramos de sucesos de los que preferiríamos no enterarnos y que sería mejor no saber.

Y luego no podemos evitar reaccionar.

Estos son rasgos de la sociedad de la información. Puede parecer una buena idea recoger información de una amplia gama de fuentes, pero quizás solo hasta cierto punto.

Sería distinto si la información que nos llegara fuera precisa o si la necesitáramos para nuestro trabajo o nuestra vida diaria, pero la mayoría de las veces no es así. Con demasiada frecuencia, su veracidad es dudosa, no nos resulta de utilidad o aumenta nuestra ansiedad.

Así pues, ¿es necesario hacer un esfuerzo por recoger hasta la última noticia que se lanza al mundo?

Te recomiendo que, de vez en cuando, cierres los ojos y te tapes los oídos para bloquear la información. Esto te dará una increíble calma interior.

43

NO TE ATIBORRES
DE INFORMACIÓN

Toma distancia de la información

Una decisión inteligente actualmente.

Hoy en día, estamos tan bombardeados de información que, si no estás atento, acabarás sepultado por una pila de noticias que no tienen nada que ver contigo.

¿Recuerdas que durante la propagación del COVID-19 todo el mundo hablaba del distanciamiento social?

Quizás sería una buena idea que pusiéramos más distancia entre nosotros y la información.

Cuando te sumerges en la información sin preocuparte por su utilidad o relevancia, o cuando te atiborras de ella, tarde o temprano tu precioso tiempo y energía acaban desperdiciados.

Decide por ti mismo qué información necesitas y quieres recibir.

Esta es una buena forma de hacer un distanciamiento social adecuado.

44

NO DUDES CON
TANTA FACILIDAD

*La regla fundamental al escuchar
las opiniones de los demás*

¿Por qué nos dejamos influir con tanta facilidad?

Muchas personas te darán su opinión sobre algo que has dicho o sobre cómo te comportas sin que se lo hayas pedido, ya sea porque quieren ser amables o porque les gusta presionar a los demás para que hagan las cosas a su manera. Sea cual sea el caso, rara vez hay necesidad de tomar en serio sus consejos. Sencillamente, no hay tiempo suficiente para tener todas las opiniones en cuenta.

Es fácil confundirse y dudar al tomar una decisión.

«De acuerdo, tal vez debería hacer lo que me recomienda esa persona. Pero, espera, aquella otra dice que haga lo contrario. ¿Eh? Ni siquiera sabía que era una opción… ¿Qué hago?».

Para evitar esta incertidumbre, debes conocer tus propios valores antes de escuchar la opinión de nadie más. Necesitas tener claro qué es importante para ti, el objetivo que te motiva a actuar.

Solo entonces puedes escuchar a quienes te rodean, dándoles las gracias y reservando sus consejos para el momento adecuado. Hacerlo evitará que los demás influyan demasiado en tus decisiones, y estarás más capacitado para aprovechar sus consejos.

45

ADMITE CON DIGNIDAD QUE NO SABES ALGO

Está bien que la gente piense que estás desfasado

Si quieres saber algo, todo lo que tienes que decir es: «Cuéntame más».

Cuando la información es tan abundante y accesible, las personas tienden a presumir sobre lo que saben.

Como resultado, gracias a que la información se difunde en las redes sociales, puede parecer que hay un flujo interminable de publicaciones y mensajes en los que las personas alardean de sus conocimientos y experiencia.

El verdadero problema, sin embargo, lo tenemos quienes estamos al otro lado. Ya sea en una conversación en línea o cara a cara, las cosas marchan bien cuando podemos decir: «¡Oh, sí! Claro, lo sé». Pero cuando hay algo que no sabemos, nos sentimos incómodos de una forma extraña.

Si alguien reacciona diciendo: «¿Qué? ¿No lo sabes?», quizás te sientas marginado, como si te hubieran dejado atrás o fueras un tipo raro.

Cuando haya cosas que no sabemos, lo único que podemos hacer es intentar tomárnoslo con calma. Sin sentirte raro o incómodo, intenta decir con dignidad: «No lo sabía».

Si es algo que te da curiosidad, puedes mostrar interés y averiguar más; si no, simplemente déjalo pasar. Esta es otra ocasión en la que es una sabia decisión distanciarte de la información.

46

«VE MÁS DESPACIO, VE MÁS DESPACIO, VE MÁS DESPACIO»

Un dicho sencillo para una mente en calma

Hasta los monjes se enfadan a veces.

Todo el mundo pierde los estribos en algún momento. Quizás hiera tu orgullo que te creas insultado o que te acusen de algo que no has hecho, y te den ganas de gritar: «¡Deja de fastidiarme!».

Pero desahogar tu enfado con otra persona no solucionará nada. Es inútil subirse al cuadrilátero a pelear con alguien que te ha ofendido.

Te mostraré la mejor manera que conozco para aliviar tu enfado en tres segundos. Canta para ti mismo algo que se parezca a lo que sigue, en un tono tranquilizador:

«Gratitud, gratitud, gratitud».

«Ve más despacio, ve más despacio, ve más despacio».

«Espera, espera, espera».

«Todo está bien, todo está bien, todo está bien».

Casi cualquier variación de estas frases funcionará.

Esto lo aprendí del difunto Koshu Itabashi, quien fue abad de un templo Soto Zen. Hasta los monjes se enfadan, pero debemos saber cómo hacer una pausa y no dejarnos llevar por nuestro temperamento.

47

SÉ CONSCIENTE DEL DESPERDICIO

Hay muchas cosas que no necesitas hacer

Simplifica tu trabajo y tus tareas.

El COVID-19 nos robó la vida cotidiana que dábamos por sentado.

Pero también nos abrió los ojos, permitiéndonos ver muchas cosas innecesarias de la vida moderna, como la cantidad de tiempo que habíamos estado desperdiciando en tareas y trabajos que no necesitábamos hacer o que no importaban tanto.

Por ejemplo, ¿qué te pareció trabajar de forma remota?

«Fue sorprendente las pocas reuniones y citas a las que debía asistir».

«Parte del trabajo que hacía en persona se podía hacer de forma remota».

«Ahorré mucho tiempo al no tener que desplazarme».

Muchos llegamos a conclusiones parecidas. Pudimos separar el trabajo importante del que no lo era.

¿Qué pasaría si, poco a poco, dejáramos de hacer o redujéramos la frecuencia del trabajo y las tareas menos importantes? Eliminaríamos el desperdicio y, probablemente, aumentaría de forma significativa el tiempo que dedicamos a lo que de verdad importa.

48

NO TE INVOLUCRES EN COSAS QUE NO TE CONCIERNEN

Actúa con más intención

¿Te entrometes en los asuntos ajenos o te comprometes demasiado rápido?

¿Qué consideras realmente importante?

¿Qué crees que eres capaz de hacer?

Si no tienes en cuenta estas dos preguntas, puedes involucrarte en cosas que no te conciernen.

En el trabajo, podrías empezar algo que no necesitas hacer de inmediato, sin considerar tus prioridades. Tienes proyectos propios que deberías acabar, pero te ofreces a ayudar a otra persona con sus tareas. Te comprometes de forma apresurada con algo que está mucho más allá de tus posibilidades.

O, en tus relaciones personales, te entrometes en asuntos que no tienen nada que ver contigo. Te inmiscuyes en los problemas de los demás o das consejos que nadie te ha pedido.

Este tipo de comportamiento consume tu tiempo y energía.

Piensa en las cosas que te resultan innecesarias y en aquello que no puedes hacer por falta de tiempo.

Este tipo de pensamiento práctico te permitirá actuar con más intención.

49

EXPRÉSATE CON SENSATEZ

Este es el camino de los sabios

Ser un sabiondo puede ser peligroso.

No es aconsejable hablar (o publicar) de manera imprudente, repitiendo información que escuchaste de pasada de alguien más, que viste en la televisión o que estaba de moda en las redes sociales.

Por ejemplo, meterse en los problemas de otra persona, esgrimiendo información no comprobada y pregonando cómo debería hacer esto o aquello.

O lanzar una teoría sobre algo que apenas comprendes.

Lo mejor es abstenerse de decir y hacer ese tipo de cosas. Es probable que los comentarios imprudentes confundan a quienes te rodean. Es fácil que los rumores y los cotilleos se propaguen, desencadenando una tormenta de desinformación.

Sobre todo en el trabajo o en familia, ten cuidado de no hablar a menos que sepas que la información es precisa o se trate de un tema que entiendes bien. De lo contrario, corres el riesgo de provocar mucho daño.

Las palabras son importantes. Exprésate con sensatez.

Este es el camino de los sabios.

50

HAZ UNA PAUSA ANTES DE CONTESTAR

Los peligros de responder demasiado rápido

Así se producen los intercambios desagradables por correo electrónico.

Los correos electrónicos y los mensajes de texto se han convertido en nuestro principal medio de comunicación. La conveniencia de contactar a otras personas cuando quieras, en cualquier momento y lugar, es muy grande y ya no hay marcha atrás.

No está mal enviar correos y mensajes a tu antojo. Tan solo ten cuidado de no responder demasiado rápido.

Si el mensaje es agradable, está bien responder enseguida. Pero si recibes malas noticias, haz una pausa. Porque, cuando estás bajo el influjo de sentimientos negativos como la decepción, el enfado o la frustración, corres el riesgo de responder de manera imprudente. Por supuesto, recibir malas noticias es desagradable, pero cuando respondes con otro mensaje desagradable, tal vez se complique la situación.

Una vez que hayas contestado, no puedes retractarte de lo dicho. Con más razón, haz una pausa. Trata de controlar tus sentimientos negativos para que no se desborden. Si puedes hacer esto, lograrás mantener la calma y evitar decir algo de lo que te puedas arrepentir.

51

VE MÁS DESPACIO

¿Adónde vas con tanta prisa?

No todo es urgente.

La comunicación por medio de teléfonos inteligentes, en especial entre los jóvenes, se está acelerando cada vez más. Como el hombre mayor que soy, no puedo evitar preguntarme: ¿por qué la gente no se llama simplemente por teléfono? Supongo que es más divertido enviar fotos y vídeos que hablar, y hasta los mayores hacen ya este tipo de cosas.

Un mensaje rápido, por lo general, obtiene una respuesta rápida, para luego quedarse atrapado observando el móvil. Está bien mientras el intercambio sea feliz y despreocupado, pero si los mensajes ofenden o enfadan, entonces no podrás mantener la paz.

Una vez hablé al respecto con un psiquiatra, quien mencionó que, aunque algunas personas se sienten ansiosas cuando están lejos de su móvil, tenerlo todo el tiempo en la mano provoca más estrés.

No necesitas apresurarte tanto por responder. Si el asunto no es urgente, está bien dejarlo en espera unas horas o incluso unos días. Intenta recordar que puedes ir más despacio.

52

NO DEJES QUE LA TRISTEZA
PERMANEZCA CONTIGO

La enseñanza zen: «Sé de una sola esencia»

Intenta no regodearte en tus emociones.

No hay nada más triste que perder a un miembro de la familia o a un amigo cercano. Pero algunas personas se quedan atrapadas en su dolor y nunca se recuperan del todo.

En tales circunstancias, piensa en este dicho zen:

«Sé de una sola esencia».

Cuando vivimos una emoción intensa (no solo en momentos tristes o difíciles, sino también en períodos de felicidad o inspiración), nos contagiamos de ella. Vivimos la vida con plenitud y, un momento después, nuestros sentimientos cambian y debemos seguir adelante.

Se trata del camino zen de la vida.

Cuando no te tomas el tiempo necesario para ser de una sola esencia, tus emociones pueden quedarse sin resolver y permanecer contigo. Eso es regodearse en la tristeza.

Por este motivo, cuando estés triste, lo mejor es que llores sin preocuparte por lo que piensen los demás. Con el tiempo, encontrarás la fuerza para levantarte de nuevo.

53

«¡VAYA, QUÉ MEZQUINO PUEDO SER!»

Reconoce las cosas buenas por sí mismas

Cuando la envidia asoma, recuerda esto.

Los humanos somos criaturas envidiosas. ¿Pero en qué sentimientos se encuentra la raíz de esto?

Cuando vemos a nuestra pareja o a alguien que nos gusta ser simpático con otra persona, tenemos un ataque de celos, ¿no es así? Nos entran unas ansias enormes de monopolizarla, de que sea solo para nosotros.

Igual que cuando un contrincante tiene éxito y nos resulta difícil decirle «¡Felicidades!» de forma genuina, ¿verdad?

Esto proviene de un complejo de superioridad, de nuestro deseo de ser el número uno.

Y no se limita a las relaciones románticas ni al trabajo: se extiende a la familia, la universidad, la apariencia, las posesiones, el conocimiento, la forma física, la popularidad y demás. Tenemos envidia de aquellos que gozan de una mejor posición que la nuestra.

Cuando esos sentimientos de envidia te invadan, prueba a decir: «¡Vaya, qué mezquino puedo ser!».

Una persona de gran corazón es capaz de reconocer que algo maravilloso es genuinamente maravilloso. Debemos esforzarnos por ser abiertos y generosos.

Tener un gran corazón es un aspecto importante del encanto personal.

54

LLEVA UNA VIDA INDEPENDIENTE Y PLENA

Una forma de vivir en la que no te afecten los demás

Al fin y al cabo, ¿quién es «todo el mundo»?

«¡Pero todo el mundo tiene uno!».

Cuando eras niño, ¿fastidiabas a tus padres así cuando querías algo?

Dudo que muchos padres dijeran: «Bueno, si todo el mundo tiene uno, entonces habrá que comprártelo también». Es más probable que respondieran algo como: «¿De verdad? ¿Y quién es "todo el mundo"?».

Por supuesto, tanto niños como adultos saben que no hay mucho detrás de la expresión «todo el mundo». Y, sin embargo, cuando escuchamos «Eso es lo que dice todo el mundo», suponemos que debe ser lo que piensa el 80 o 90 por ciento de las personas. Tal vez esto ilustre cuánto queremos parecernos a los demás. Pero no puedes vivir tu propia vida si siempre estás bajo el influjo de la multitud. Ese «todo el mundo» carece de sentido. Expúlsalo de tu mente y esfuérzate por llevar una vida independiente.

55

INTENTA VER LAS COSAS DESDE UNA PERSPECTIVA DISTINTA

La forma en que vemos las cosas depende del punto de vista

¿Esos son tus supuestos?

No hay nada más problemático que las ideas preconcebidas. Las personas se aferran a ellas con fervor, convencidas de que tienen razón y de que nadie podrá hacerlas cambiar de opinión.

Esta inflexibilidad lleva implícita la actitud de que hay un lado correcto y que cualquier otra perspectiva es incorrecta.

Más allá de que existen principios que son y seguirán siendo verdaderos durante decenas, cientos y miles de años, quienes insisten en que hay cosas correctas «porque yo lo digo» reflejan un sistema de valores subjetivo. Por lo tanto, es necesario cuestionar nuestras suposiciones y cómo influyen en lo que creemos correcto.

Pregúntate: «¿Qué pasaría si lo mirara desde otro punto de vista? ¿Estoy seguro de que mi perspectiva es correcta?».

Al cuestionar esto, cambia tu panorama visible. Te permites un espacio para considerar opiniones y maneras de pensar que difieren de las tuyas. Cuando dejamos de lado nuestros presupuestos, podemos buscar la verdad desde diversas perspectivas.

56

RECUERDA EL REFRÁN «EL QUE POCO SABE, MUCHO REPITE»

Ten más miedo a la falta de ingenio que al fracaso

Una anécdota sobre un monje zen y un comerciante adinerado.

Hay una historia sobre Honko Fugai, un monje de la escuela Soto Zen.

Mientras el monje estaba en su modesto templo en Osaka, un adinerado comerciante llegó en busca de orientación. Mientras el comerciante revelaba los detalles de sus problemas, el monje no podía dejar de observar un moscardón que revoloteaba a su alrededor.

En su intento por salir, el moscardón se estrelló contra el papel de la puerta *shōji* y cayó al suelo, muerto en apariencia. Pero, poco después, se volvió a levantar y voló alrededor de la puerta hasta que chocó de nuevo... y luego continuó haciendo esto una y otra vez.

En ese contexto, el monje y el comerciante tuvieron el siguiente intercambio:

«Pobre moscardón», dijo el monje. «Las puertas *shōji* de nuestro humilde templo están llenas de agujeros, por no mencionar las grietas que hay aquí y allá. Sin embargo, lo único que hace es intentar pasar por el mismo sitio. Seguramente morirá».

El comerciante respondió: «Estás mirando al moscardón sin prestar atención a mis problemas. ¿Tan fascinante te resulta?».

«¡Ah! Es que me asombra que los humanos seamos iguales. Solo podemos ver las cosas desde una perspectiva, por lo que nuestros problemas siempre se quedan sin resolver».

El comerciante se dio cuenta entonces de lo bien que se aplicaba esta reflexión a sí mismo.

57

TEN PRESENTE LA MÁXIMA
«A CADA UNO, LO SUYO»

*Los valores personales vienen
de mil formas distintas*

Es importante encontrar un punto en común.

Si seleccionas a cien personas, cada una tendrá un rostro, un tipo de cuerpo, habilidades y una personalidad diferentes. Somos distintos unos de otros. Al igual que nuestros valores.

Y estos no están bien ni mal, ni tampoco existe una jerarquía entre ellos. Los valores de cada uno merecen ser respetados. Sin embargo, muchas personas se niegan a reconocer los valores de los demás, e incluso insisten en que solo los suyos son correctos.

Esto empeora cuando las personas niegan y critican los valores que difieren de los propios, o cuando intentan imponer sus ideas a los demás. Es posible que digan cosas como: «¿No bebes? ¿No vas a las carreras ni al casino? ¿Acaso disfrutas de la vida?». La respuesta apropiada, por supuesto, es ignorar tales comentarios o restarles importancia.

Deja que esas personas te sirvan de recordatorio para no negar ni criticar los valores de los demás. Es importante respetar los valores ajenos, incluso si chocan con los tuyos, y escuchar abiertamente lo que tienen para decir. Ten en cuenta su perspectiva, compárala con la tuya e intenta encontrar un punto en común.

58

NO ESPERES DEMASIADO

Todo fluirá más fácilmente

Piensa que «si las cosas salen bien, es pura suerte».

Hay algo difícil en las expectativas; tanto en las propias como en aquellas a las que quedamos sujetos por parte de los demás. Por supuesto, tener expectativas puestas en otra persona también es una forma de desear su crecimiento o éxito. No hay nada de malo en eso. Y ser objeto de las expectativas de alguien puede servir de inspiración para esforzarse más y estar a la altura de su confianza.

Así que no estoy diciendo que no haya que tener expectativas, pero no es bueno esperar demasiado. Cuanto más altas sean, mayor será tu decepción cuando no se cumplan. También podrías sentirte tentado a expresar insatisfacción: «Esperaba tanto de ti…».

Y, cuando estás sujeto a expectativas ajenas, puedes sentirte presionado, lo cual afecta a tu desempeño.

Tener expectativas moderadas puede impactar de forma positiva en el rendimiento, pero cuando son poco realistas quizás sean una carga y resulten contraproducentes.

No todos los días las cosas salen como esperamos. Te sentirás mejor si piensas que «si las cosas salen bien, es pura suerte». De esa manera, es difícil sentirse decepcionado cuando los resultados no concuerdan con lo esperado, y estarás mucho más contento si salen mejor de lo que esperabas.

59

SUMÉRGETE EN LA TAREA QUE TIENES ENTRE MANOS

Al hacerlo, te proteges de las distracciones

Lo importante es crear un ambiente que te permita concentrarte.

Cuando te sumerges por completo en una tarea o proyecto, el resto del mundo se queda fuera.

Por ejemplo, no ves ni oyes la televisión incluso si está encendida.

O no escuchas a las personas de tu alrededor, aunque estén hablando.

Si tienes el móvil lejos, no adviertes los mensajes ni las llamadas perdidas.

He observado cómo sucede esto. Tu atención está tan concentrada en la tarea en cuestión que no te distraen cosas irrelevantes.

Si haces todo lo posible por revertirlo (apagar la televisión, sentarte solo, silenciar el móvil), entonces no tendrás que responder a cada cosa trivial que surja.

La mayoría de las cosas se resolverán por sí mismas, con o sin tu intervención. Así que está bien dejarlas ir.

¿No sería mucho más gratificante que prestaras toda tu atención a la tarea que tienes entre manos?

60

TUS CIRCUNSTANCIAS PERSONALES NO SUELEN INTERESAR A LOS DEMÁS

Por eso, las excusas no sirven de nada

La regla fundamental cuando cometes un error.

Cuando llegamos tarde, no cumplimos con una entrega o nos olvidamos de hacer lo que nos habían pedido, resulta natural que pongamos una excusa.

Esto surge del deseo de ayudar a que la otra persona entienda tus circunstancias y puedas explicar la razón del error.

Es probable que quien da explicaciones no lo vea como una excusa; sencillamente es una forma de aclarar la situación. Pero, para la persona que escucha, eso es justo lo que parece.

Por este motivo, cuanto más elaborada sea la explicación, más alejada se sentirá de ti la otra persona. Quizás te encuentre rebuscado, desconsiderado o poco convincente, y se pregunte por qué deberían importarle tus razones.

Por desgracia, la mayoría no cree que las circunstancias personales de los demás sean su responsabilidad. No es de extrañar que no las comprendan.

Así que en lugar de dar tediosas explicaciones, en especial si tú has cometido el error, es mejor que pidas disculpas y sigas adelante.

61

NO TE DEJES LLEVAR
POR LAS TENDENCIAS

Tan solo di: «No, gracias»

Ten cuidado de engancharte a las modas.

Los medios de comunicación (en especial las redes sociales) utilizan trucos ingeniosos para iniciar las tendencias.

Hacen declaraciones como: «Este año hay que llevar ropa holgada». «El azul es el color de moda». «Estas son las tendencias de diseño más populares». Entonces parece que quien no sigue estas tendencias está fuera de onda de un modo irremediable.

En Japón se han hecho campañas como «Vive la mejor vida posible», «Planes de ahorro millonarios para tu jubilación» o, incluso durante el confinamiento por COVID-19, «Cocinemos en casa».

Cada uno de estos eslóganes ha sido diseñado hábilmente para captar las aspiraciones de los consumidores.

Cuando estás expuesto a estas tendencias y campañas todo el tiempo, te encuentras bajo su influencia antes de poder advertirlo siquiera. Y el resultado es la pérdida de individualidad. Está bien tener un interés moderado por las tendencias, pero cuando intentan venderte una moda pasajera, simplemente di: «No, gracias».

CUARTA PARTE

NO DESPERDICIES TU ENERGÍA

Formas de evitar complicarte la vida

62

MIRA EL LADO POSITIVO

Una práctica para facilitarte la vida

No dejes que tu ansiedad se descontrole.

Intentar algo que no has hecho antes, ir a un lugar extraño, conocer a alguien por primera vez...; es perfectamente normal sentirse ansioso antes de hacer algo nuevo.

Pero cuando debes alcanzar ciertos resultados o tienes que disculparte por haber cometido un error, ¿cómo no sentir nervios por la presión? En tales circunstancias, resulta fácil ser pesimista y fantasear sobre todas las cosas que podrían salir mal.

Pero piensa esto: ¿te ayudará pasar el tiempo preocupándote? Pues no. Así que intenta decir lo siguiente:

«No hay día que no termine. No hay lluvia que no acabe. Por terrible que sea, todo llega a su fin».

Los seres humanos somos pesimistas por naturaleza, así que no podemos cambiar nuestra actitud sin hacer un esfuerzo consciente. Recita estas palabras como un mantra y recupera la capacidad del optimismo. Cuanto más puedas mirar el lado positivo, menos ansioso te sentirás y mejor te irán las cosas.

63

NO TE QUEDES ATRAPADO EN UN CICLO SIN FIN

Lo primero que debes hacer es actuar

Haz esto para avanzar.

Todos hemos sentido pánico al enfrentarnos a algo inesperado. La mente se queda en blanco y lo único que puedes hacer
es repetirte: «¿Qué debo hacer, qué debo hacer, qué debo
hacer…?».

Quedarse atrapado en ese círculo es como estar paralizado. Así que, en una situación así, primero hagamos un «cierre
forzado», como si se tratase de un ordenador.

Es como decirte a ti mismo: «¡Alto! ¡Reinicia!».

Esto te ayudará a salir de la espiral negativa provocada
por el «qué debo hacer». Luego, una vez que hayas restaurado
la calma, podrás pensar en lo siguiente:

«¿Qué soy capaz de hacer en este momento?».

«¿Qué se necesita hacer ahora mismo?».

Una vez que comiences a actuar, surgirá sola la solución.

64

CONFÍA EN TU PROPIO ENFOQUE

El secreto para no dudar

Es posible prestar demasiada atención a lo que digan los demás.

Es importante que te mantengas abierto a las opiniones y perspectivas de quienes te rodean. Hay muchas ventajas en ello: puedes tener una idea que no se te habría ocurrido de otra manera, aprender un truco para hacer algo o darte cuenta de que tienes aún más opciones.

Pero también es posible abrirse demasiado a las opiniones ajenas.

«A dijo esto y tiene sentido». «B me contó aquello. Es probable que tenga razón». «C me recomendó hacer tal cosa. Está en lo cierto». Todas estas opiniones pueden confundirte y hacerte pensar demasiado, hasta un punto en el que ya no puedas decidir.

Para evitarlo, primero debes conocer tu propia mente.

Considero que esto es tener un enfoque propio, el punto desde el cual no vacilas. Tú eres el protagonista de tu propia vida.

Si no te comprometes con tu propio enfoque, cuando escuches las opiniones de otras personas podrías acabar preguntándote: «¿De quién es esta vida?».

65

PON EMPEÑO EN TU PAPEL

También será útil para alguien más

Cualquier trabajo contribuye a la sociedad.

A lo largo de tu ocupada carrera laboral, es posible que te hayas preguntado: «¿Estoy haciendo algo que sea útil? ¿Estoy contribuyendo a la sociedad, aunque sea un poco?».

Durante la pandemia, muchos se sentían perturbados a medida que cerraban tiendas y negocios. No podían evitar preguntarse: «¿Es mi trabajo necesario?».

Pero seré claro: todo trabajo es útil y, de alguna manera, contribuye a la sociedad. Lo innecesario fue el COVID-19, no tú ni tu trabajo.

Otra cosa que dificulta reconocer la importancia de lo que haces es trabajar para organizaciones grandes y complejas, de modo que puede ser difícil ver con exactitud el impacto que tienes desde tu puesto de trabajo.

Sin embargo, por pequeño que sea tu papel, el trabajo no se puede hacer sin ti. Solo tienes que poner empeño. Los seres humanos somos criaturas sociales, no podemos vivir sin la conexión con la sociedad.

66

HAZ UN PEQUEÑO CAMBIO TODOS LOS DÍAS

Un truquito que puede enriquecer tu vida

Si crees que estás atrapado en la rutina, intenta esto.

Sabes que estás atrapado en la rutina cuando la vida parece monótona y cada día es una repetición del día anterior. Pasar el tiempo de manera tranquila y sin sobresaltos no es necesariamente malo, pero cuando no hay casi cambios entre un día y el otro, puedes llegar a deprimirte. La vida empezará a parecerte tediosa.

Cuando te sientas así, quizás sea útil recordar que no existe un ayer que sea igual al hoy. Y no existe un hoy que sea igual al mañana.

Si lo piensas, es imposible que todos los días sean exactamente iguales. Lo que comes, las conversaciones con tu familia, las particularidades del trabajo…; siempre hay algo que, aunque sea un poco, es diferente cada día. En lo cotidiano, todos vivimos experiencias que son sutilmente nuevas, aunque no nos demos cuenta de ello.

Si eso no te sirve, te recomiendo que intentes a conciencia hacer algo distinto cada día, por insignificante que sea. Pronto, la acumulación de pequeños cambios hará que el hoy se sienta como hoy y el mañana como mañana, y estarás mejor preparado para vivir cada día con plenitud.

67

«AQUÍ Y AHORA, ESTA VERSIÓN DE TI»

*Estar totalmente presente en el aquí,
el ahora y en ti mismo*

Comprender esta simple verdad en profundidad.

Hay un *zengo*, o dicho zen, que recoge la necesidad de vivir en el momento presente: actuar en el tiempo y el lugar en que te encuentras.

«Aquí y ahora, esta versión de ti».

Solo somos capaces de vivir ahora, en este momento. El yo que existía hace un segundo ya se ha ido, y no hay garantías de que tu yo actual siga existiendo dentro de un segundo.

De la misma manera, solo puedes estar en el lugar donde te encuentras en este momento, y solo esta versión de ti puede llevar a cabo la acción que está en tus manos.

Es decir, la gran verdad de la vida es que lo único que tenemos es el ahora.

Debemos comprender esta simple verdad en profundidad.

Cuando lo hacemos, podemos reducir buena parte del tiempo que pasamos lamentándonos por el pasado, preocupándonos por el futuro y rumiando, dudando o agonizando.

Hay algo en lo que puedes actuar ahora mismo. Pon toda tu energía en ello.

En eso consiste estar vivo.

68

«EL CAMBIO ES LA LEY DE
LA VIDA. QUIENES SOLO
MIRAN EL PASADO O EL
PRESENTE ESTÁN DESTINADOS
A PERDERSE EL FUTURO»

*Tanto los éxitos como los fracasos ya están
en el pasado*

El trabajo es una «entidad viva».

En el trabajo, una vez que se termina una tarea (sea de manera exitosa o no), esta queda comprometida con el pasado.

En especial cuando el proyecto es un éxito, solemos pensar que el modo en que lo abordamos en esa ocasión será siempre el mejor. El sabor de la victoria es dulce, y es poco probable olvidarse de él.

Muchas personas tienden a aferrarse a lo que les ha traído la gloria: creen que todo irá bien si siguen haciendo las cosas de la misma manera.

Pero el trabajo es una «entidad viva» en realidad. Todo, desde el momento y las condiciones hasta las personas involucradas, varía de un momento a otro. Seguir la fórmula de un éxito anterior, sencillamente, no garantiza que todo salga bien.

Incluso se podría decir que los éxitos pasados pueden acabar siendo un obstáculo. Tal vez sea mejor volver a empezar y mirar cada nuevo proyecto desde una perspectiva nueva para elegir el mejor camino a seguir.

Como dijo John F. Kennedy: «El cambio es la ley de la vida. Quienes solo miran el pasado o el presente están destinados a perderse el futuro». No podría estar más de acuerdo.

69

EL TRABAJO ES FLUIDO Y DINÁMICO

Adáptate a las circunstancias cambiantes

Principios budistas del trabajo.

En el trabajo, aunque las tareas pueden parecer similares, siempre hay sutiles diferencias. El budismo enseña que «En todas las cosas de la naturaleza, en todo lo que sucede en el mundo, nada permanece igual». Esto también se aplica al trabajo.

Por lo tanto, no se puede seguir siempre el mismo procedimiento. Debes abordar cada proyecto de manera que se adapte a sus peculiaridades.

Como paisajista, cuando diseño un jardín realizo un análisis del lugar, lo cual implica examinar la propiedad desde varias perspectivas, tomando en cuenta no solo las condiciones de luz solar y la calidad del suelo, sino también al cliente (por ejemplo, si se trata de un jardín corporativo o uno residencial), a qué hora del día se usará el espacio, el estado mental de quienes vayan a utilizarlo y demás. Pienso en cómo resaltar los puntos positivos y reducir las deficiencias.

De acuerdo con la filosofía zen, incorporo los detalles de esta evaluación en mi diseño para crear un espacio que refleje las virtudes del lugar y los deseos del cliente. Esto difiere en gran medida del abordaje occidental, que nivela el terreno para empezar desde cero. Creo que cualquier trabajo requiere cierta personalización.

70

NO DEJES LAS COSAS
PARA MAÑANA

Haz hoy lo que debas hacer

La enseñanza sobre «el monje negligente».

Esta es una anécdota sobre el origen de Konnichian, el hogar de Urasenke, una de las principales escuelas de chado, la ceremonia del té. Hace más de trescientos cincuenta años, Sen no Sotan, nieto de Sen no Rikyu (que perfeccionó el Camino del Té y fundó la escuela Urasenke), le legó a su tercer hijo, Koshin Sosa, la sala de té Fushinan, hogar de la actual escuela Omotesenke. Sotan construyó una ermita detrás de la sala de té para retirarse y, una vez que estuvo terminada, invitó a su maestro zen, el monje Seigan Soi, a visitarla. Sotan esperaba que Seigan viera la nueva sala de té y le diera un nombre.

La hora acordada llegó y pasó, pero Seigan no apareció. A regañadientes, Sotan salió a hacer un recado. Cuando Seigan por fin llegó, se encontró con que Sotan le había dejado un mensaje pidiéndole que, por favor, regresara al día siguiente. Con rapidez escribió una respuesta en el *koshibari* de papel que cubría la pared inferior de la sala: «Un monje negligente no espera el mañana». Es decir, si invitaban a un monje ocioso como él a regresar al día siguiente, no podrían fiarse de su puntualidad. Así fue como la sala de té se ganó el nombre: Konnichian, que significa «La cabaña del hoy».

Según diversas interpretaciones, el mensaje de Seigan significa que no se sabe lo que pasará mañana. Uno puede estar o no aquí. Por lo tanto, debes hacer hoy mismo lo que debas hacer. No hay que dejar nada para mañana.

71

POTENCIA TUS FORTALEZAS

Y deja que otros hagan aquello en lo que no eres tan bueno

El billete hacia el crecimiento personal.

Todos tenemos fortalezas y debilidades. Y, por alguna razón, muchas personas trabajan duro para superar estas últimas. Cuanto más consciente es una persona, más al tanto parece estar de sus limitaciones.

Quizás nos esforzamos tanto porque creemos que debemos ser buenos en todo para ser considerados buenos en general.

La superación personal no tiene nada de malo, pero ¿qué pasaría si aceptases tus debilidades? Cuando no eres bueno en una cosa determinada, tal vez nunca llegues a distinguirte en ello, sin importar cuánto lo intentes.

Me gusta decir que, cuando se trata de tus puntos fuertes, puedes dar el 100 por cien y marcar 100, pero, cuando se trata de tus debilidades, puede ocurrir que al dar el 120 por cien, solo marques 80.

Tus fortalezas suelen coincidir con aquellas cosas que te gusta hacer. Por eso te sientes motivado a hacerlas y te vuelves bueno en ellas con rapidez. Tus debilidades, en cambio, suelen ser cosas que no te gustan. Resulta difícil que te sientas motivado y mejoras con lentitud. Por eso te animo a que lo dejes ir.

72

NO FUERCES LAS COSAS NI CONTIGO NI CON LOS DEMÁS

Cómo crear un equipo soñado

Cada persona debe contribuir con lo que mejor sabe hacer.

Las empresas prosperan cuando sus empleados se sienten empoderados. Pero la clave es lo bien que funcionan como equipo, en lugar de cómo lo hace cada uno por su cuenta.

Idealmente, cada persona contribuye con un 110 por cien de su capacidad.

Si hay diez personas en el equipo, cada una con una habilidad particular, entonces entre todos deberían beneficiarse de diez tipos distintos de fortalezas.

Este método de trabajo en equipo tiene el potencial de producir resultados mucho mejores que si los trabajadores manejaran su energía de un modo más general, en vez de dirigirla hacia sus fortalezas, incluso si sus debilidades son pocas.

Lo mejor del trabajo en equipo es que cada uno puede ofrecer lo mejor de sí mismo, en lugar de hacer cosas en las que no es tan bueno.

Con todo el mundo contento con lo que hace, aumentan las posibilidades de éxito profesional y de que la empresa también esté contenta con los resultados. ¡El trabajo en equipo tiene un efecto muy positivo!

73

DEJA DE LADO
«PORQUE ES HOMBRE»
Y «PORQUE ES MUJER»

*Las diferencias entre géneros solo
son diferencias entre individuos*

Considera a cada persona simplemente como un individuo.

Hace algunos años, se expuso el mal comportamiento que tenían varias universidades de Medicina en Japón. Resulta que el personal administrativo bajaba las calificaciones de las solicitantes mujeres en los exámenes de ingreso.

Las universidades justificaron sus acciones diciendo cosas como: «Es más probable que las mujeres abandonen la profesión después del matrimonio o del nacimiento de un hijo» o «Si hay menos médicos hombres, las áreas de emergencias y cirugía corren el riesgo de quedarse sin suficiente personal». Lo único que puedo decir es que es inaceptable discriminar a las mujeres y penalizarlas en los exámenes de ingreso.

Formo parte del proceso de admisión en la universidad donde doy clases, y quienes califican los exámenes de ingreso nunca miran el nombre o el sexo del solicitante. Así que rara vez hay paridad en el número de hombres y mujeres admitidos, mientras que la proporción de género varía cada año. Así deberían ser todos los exámenes de ingreso.

Esto no se aplica solo a las universidades; no se puede aceptar la discriminación por sexo en el mundo corporativo ni fuera de él. El sexo de una persona no tiene ninguna relación con sus capacidades.

Hombres y mujeres difieren de la misma manera en que lo hacen los individuos. Eso nos hace únicos. El género no debería influir en cómo se nos evalúa. Debemos considerar a cada persona como un ser único.

74

CALIFICACIONES ACADÉMICAS

≠ CUALIFICACIONES

LABORALES

Lo importante es poner en práctica tu talento

No puedes triunfar en el mundo solo con tu historial académico.

Uno de mis feligreses asistió a una escuela secundaria que estaba orientada al mundo académico, pero decidió que quería salir al mundo y aprender un oficio. En lugar de continuar con la universidad, consiguió un trabajo en una inmobiliaria. Ahora, con treinta años, es un profesional exitoso e independiente.

Otro joven graduado de una escuela secundaria técnica consiguió trabajo en una importante constructora. Allí superó a todos los universitarios de la empresa y se convirtió en su presidente, logrando expandir la compañía con éxito. Le gusta decir: «Para mí, la educación no fue un parámetro. Siempre demostré lo que hago a través de mis resultados».

La gente solía pensar que debías graduarte en una universidad de élite y trabajar en una empresa prestigiosa para triunfar en la vida, pero se trata de un mito ya superado. Creo que esto puede tratarse de una señal de que la sociedad está rectificando. Jamás sucedió que, con solo un buen historial académico, pudieras pasar por la vida sin esfuerzo.

Puedes conseguir una educación universitaria en cualquier momento. En lugar de depender de tu formación, es más conveniente que primero aprendas a valerte por ti mismo y luego mejores tu currículum por medio de los estudios.

75

EVITA TOMAR DECISIONES POR LA NOCHE

*La mañana es el mejor momento
para tomar decisiones importantes*

La fatiga nocturna y la oscuridad afectan a la sensatez.

Cuanto más significativa sea una decisión, más importante será no tomarla cuando tu energía física y mental estén agotadas.

Cuando estamos cansados, tendemos a ser más pesimistas y, por lo tanto, es menos probable que podamos ver nuestras opciones bajo una óptica positiva.

Las personas también tienden a tener menos autocontrol por la noche, lo que dificulta el manejo de las emociones y la toma de decisiones.

Ten cuidado al responder a mensajes importantes en momentos así. Hacerlo puede conducirte a problemas mayores.

Es natural que el agotamiento mental y físico, junto con la oscuridad de la noche, te inciten a descansar. Duerme bien y dedícate a reponer tu energía.

Es mejor no tomar decisiones cuando estás cansado. Espera a que salga el sol, cuando estés fresco y listo para actuar.

76

NO PIERDAS LA ESPERANZA EN TI MISMO NI TE DES DEMASIADA IMPORTANCIA

Evita etiquetarte como un tipo de persona u otro

No uses gafas con cristales de colores.

Las ideas preconcebidas influyen en cómo vemos a los demás. Antes de conocer a alguien por primera vez, quizás lo investigues en profundidad (en especial, si escuchaste algo negativo) y descubras algo que podría determinar tu opinión sobre él o ella.

Esto puede llevarte a juzgar mal a esa persona, dificultando que la conozcas de verdad.

Como dice el *zengo*: «No uses gafas con cristales de colores». Debes tener cuidado de no juzgar a los demás basándote en ideas preconcebidas sobre ellos.

Y los «cristales de colores» no solo se aplican a los demás; tal vez también los uses al mirarte a ti mismo.

Cuando nos juzgamos, podemos ser demasiado indulgentes o demasiado duros. En ambos casos, se nubla la visión respecto a quiénes somos en realidad.

No te apresures a etiquetarte como un tipo de persona u otro. De lo contrario, podrías perder las esperanzas en ti mismo o darte demasiada importancia.

77

ALÉJATE DE LAS DESGRACIAS

Sé todavía más prudente cuando las cosas van bien

Ahí se encuentra el abismo.

El patrón oro determina el valor del dinero. Apilados en lo alto, los relucientes lingotes literalmente deslumbran la vista, nos ciegan ante cualquier otra cosa.

Pero ¿qué pasaría si hubiera una trampa justo al lado del oro? Seguramente caeríamos dentro de ella.

Ahí se encuentra el abismo. Y, de una forma u otra, nuestro sufrimiento sería tremendo.

Este suele ser el caso de personas del mundo empresarial que aceptan sobornos, cometen fraudes o engañan a otros con esquemas rentables que terminan en enormes pérdidas. Cegadas por el dinero, las personas pierden la razón.

Debes estar especialmente atento cuando el trabajo va bien. Muchas tentaciones nos esperan y, como quizás estemos con la guardia baja, podemos volvernos más susceptibles.

Se trate de sobornos o estafas, a menudo hay trampas ocultas bajo las promesas de grandes sumas de dinero. Te suplico que seas prudente y sensato.

78

EVITA CONGRACIARTE
CON LOS DEMÁS

Eso impedirá tu éxito

Ser adulador puede hacer tropezar incluso a los mejores vendedores.

En el sector de las ventas, si logras ganarte la simpatía de las personas clave de una industria o compañía, tendrás muchas más probabilidades de asegurarte grandes pedidos. Con esto en mente, muchos vendedores intentan ganarse el favor de los ejecutivos de mayor antigüedad. Esto puede volverse excesivo, hasta el punto de ser poco ético cuando implica compensaciones monetarias o cenas de lujo.

Si ves este tipo de actividades en tu profesión, debes abstenerte de participar. Incluso si logras ganarte el favor del cliente y asegurar un contrato, podrías verte en una situación comprometida. El otro tendría ventaja, dejándote a ti, el vendedor, a su merced, lo cual haría imposible mantener una relación equitativa.

De más está decir que tu mal comportamiento podría hacerte sufrir las consecuencias.

Si tu producto es excelente, no necesitas sobornar ni adular para ganarte a los clientes.

Compradores y vendedores tienen que estar en igualdad de condiciones. Incluso los mejores vendedores deben tener cuidado de no congraciarse en exceso.

79

REDUCE TUS OPCIONES

No te dejes llevar por las opiniones de los demás

La regla para cuando llega el momento de tomar una decisión.

A veces resulta útil reunir opiniones de la mayor cantidad posible de personas.

Idealmente, cuantas más ideas tengas, más amplio será tu rango de opciones.

Pero existe un gran problema. En ocasiones, quedas sepultado bajo una montaña de ideas, lo que provoca incertidumbre y dudas hasta el punto de que no puedes tomar ninguna decisión.

Las cosas se vuelven muy caóticas cuando das el mismo peso a las opiniones de los demás. Si quieres recibir opiniones externas, debes ponerles un límite para no quedarte paralizado por la indecisión.

A la hora de tomar una decisión, es mejor pedir ideas solo en las primeras etapas, para que cuando llegue el momento de resolver solo se involucren unos pocos elegidos que conozcan el tema en profundidad.

80

PROTÉGETE DE LA FATIGA
TRAS EL COMBATE

También puedes mantenerte fuera de la refriega

Hay momentos en que lo mejor es salir del cuadrilátero.

En la sociedad supercompetitiva en la que vivimos, todo el mundo (no solo los guerreros corporativos) parece estar inmerso en una feroz batalla. Hasta los niños estudian para los exámenes con una especie de disciplina militar.

Es habitual pensar: «Quiero triunfar en mi trabajo» o «Quiero tomar la iniciativa y avanzar en mi carrera» o «Quiero ser muy valorado en mi empresa y en el mundo».

Estos objetivos están bien *en* y *por* sí mismos, pero es posible estar demasiado apegado a ganar la carrera. Si te esfuerzas de más, corres el riesgo de agotarte mental y físicamente.

Dar pelea puede ser duro, en especial cuando los competidores son muy fuertes o los objetivos que te has fijado son difíciles de alcanzar. El clásico *Las treinta y seis estratagemas chinas* enseña que, a veces, lo mejor que puedes hacer es retirarte.

Otra forma de decirlo es: «El que lucha y huye, vive para luchar otro día».

Quizás la táctica más sabia sea dedicar tu espíritu de lucha a mejorar tus habilidades para estar en igualdad de condiciones con tus competidores. Hay momentos en que es importante salir del cuadrilátero y reponer la energía que has utilizado en la batalla.

81

MEJORA TU PLANIFICACIÓN

Reglas para abordar las tareas que te piden

Evita quedarte corto respecto a la cantidad de trabajo o el tiempo que te llevará.

Cuando pides ayuda a alguien con un proyecto, es importante que seas claro no solo sobre el tipo de tarea, sino también sobre la cantidad de trabajo y tiempo que requiere.

Puede resultar tentador evitar este tipo de información, pero hacerlo puede provocar problemas para ambas partes.

Por ejemplo, podrías decir algo como: «Es un trabajo sencillo. Estoy seguro de que solo te llevará dos horas». Pero si acaba siendo más complicado de lo esperado, podría llevar más del doble de tiempo. La persona a la que le pediste ayuda aceptó comprometerse durante dos horas, y resulta que el proyecto se ha convertido en una gran molestia.

También es conveniente que quien acepta ayudar deje claro cuánta ayuda está dispuesto a ofrecer. Podría decir: «Puedo trabajar hasta las tres de la tarde, pero luego tengo otro compromiso. Tal vez quieras pedirle ayuda a alguien más, o incluso a otras dos personas, para poder terminarlo todo».

Para hacer un buen trabajo, se requiere una buena planificación.

QUINTA PARTE

NO LO VEAS TODO EN BLANCO O NEGRO

Ideas para llevar una vida más tranquila

82

NO EXISTE LA FORTUNA NI LA DESGRACIA

Tómate las cosas tal como vienen

La clave para mantener la serenidad, sin importar lo que traiga el día.

Todo lo que nace, algún día morirá.

Todo lo que comienza, algún día terminará.

Son verdades universales.

Cualquiera que sea el problema que surja, no importa cuánto luchemos, no hay nada que no sea y deje de ser, ni nada que comience y no llegue a su fin.

De igual manera, nada (bueno o malo) dura para siempre.

Si puedes mantener en tu mente en todo momento esta verdad sobre la impermanencia, serás menos susceptible a la cumbre de la alegría cuando triunfes y a las profundidades de la desesperación cuando fracases. Encontrarás estabilidad para el espíritu y la vida.

La realidad es que no existe ni la fortuna ni la desgracia. Pase lo que pase, debes tomarte las cosas tal como vienen. Así mantendrás siempre la serenidad.

Si algo de lo que sucede te agita el corazón, susurra estas palabras:

«Nada permanece igual, el mundo siempre está cambiando, un día todo llega a su fin».

83

LAS COSAS NO SON BUENAS O MALAS POR NATURALEZA

Todo depende de la perspectiva

Disfruta cada día, traiga lo que traiga.

En el zen, no vemos las cosas en blanco o negro.

Por lo tanto, no creemos que lo que sucede sea bueno o malo en sí mismo.

El dicho zen «No pienses en el bien ni en el mal» nos enseña a no concebir las cosas en esos términos y a evitar adoptar una perspectiva binaria de la vida.

En su lugar, nos anima a pensar de esta manera: «Mi experiencia es única en este momento. En ella no hay nada bueno o malo por naturaleza. Todo puede ser positivo, dependiendo de lo que haga».

Incluso cuando la vida es difícil, dolorosa o triste, puedes mirar una experiencia pasada y advertir su valor.

No te resistas a lo que sucede.

Todas nuestras experiencias nos brindan la oportunidad de crecer.

Otro *zengo* dice: «Disfruta cada día».

Si vives de esta manera, el sueño de que cada día sea disfrutable estará al alcance de tu mano.

84

TODAS TUS DECISIONES
SON CORRECTAS

*Lo que importa es que les saques
el mayor provecho*

Lo que haces con tus decisiones es más importante que las decisiones en sí mismas.

La vida es una serie de cosas que no conoces hasta que las intentas. Quizás pienses en cada nueva oportunidad: «¿Debería hacer esto? ¿O quizás aquello? ¡No sé qué elegir!». No importa cuánto deliberes, no cambiará mucho.

Porque no existe una única respuesta correcta.

En *Las aventuras de Alicia en el país de las maravillas*, el Gato de Cheshire le da a Alicia un consejo, a menudo mal citado, que dice: «Si no sabes hacia dónde vas, cualquier camino te llevará allí».

Esto significa que no tiene sentido preocuparse por cuál es la decisión correcta. Si al final llegas a donde necesitas ir sin importar la opción que hayas elegido, entonces lo único que importa es que hagas lo mejor con tu elección.

Una vez que dejes ir tu indecisión, te sentirás mucho más tranquilo y tus dudas se desvanecerán. Lo que deberás pensar es cómo puedes avanzar lo mejor posible con lo que has decidido. Los resultados vendrán solos.

85

BLOQUEA LAS VOCES
DE LOS DEMÁS

No prestes atención a sus críticas y dudas

Formas de protegerse contra quienes critican tras los hechos.

En los deportes profesionales, la toma de decisiones es una responsabilidad del entrenador o representante. Durante el transcurso de un partido, deben observar a la vez los movimientos del otro equipo y del propio para tomar una serie de decisiones.

Esto es desafiante porque existen varias posibilidades, pero solo pueden elegir una. Si su estrategia no funciona, se arrepentirán y llegarán a la conclusión de que deberían haber hecho algo distinto. Sin embargo, de haberlo hecho, tampoco hay garantías de que las cosas hubieran acabado mejor. Sin embargo, muy a menudo nos quedamos atrapados en la certeza ilusoria de que un enfoque alternativo habría sido lo correcto.

Y luego están los comentaristas y fanáticos que critican al entrenador, diciendo que tal o cual decisión fue equivocada. Pero solo se trata de críticas hechas *a posteriori:* juzgan después de los hechos, con el beneficio de la retrospectiva. ¡Apenas puedo imaginar la presión!

Con todo, no hay necesidad de preocuparse por lo que digan los demás. Como suele afirmar un conocido representante de un equipo de béisbol profesional de Japón: «Fue la mejor estrategia para esa situación».

Lo mismo ocurre en la vida. Tú tomas las decisiones de tu propia vida, por lo que, incluso si las cosas no salen como esperabas, no hay necesidad de verlo como una derrota. Ahora que tienes el beneficio de la retrospectiva, tienes que utilizar lo aprendido para la próxima vez. Piensa en todas tus decisiones como la mejor estrategia que tenías en ese momento.

86

EL ARREPENTIMIENTO NO
ES MÁS QUE UNA ILUSIÓN

La ansiedad por el futuro es otra ilusión

¡Olvídalo y déjalo ir!

¿Te carcome el arrepentimiento o la preocupación por el pasado?

¿O tal vez tiendes a angustiarte y obsesionarte por el futuro?

Ambos casos son inútiles e improductivos.

Si preocuparse hiciera desaparecer el pasado o disipara la ansiedad sobre el futuro, quizás merecería la pena. Pero no lo hace.

El arrepentimiento por el pasado y la ansiedad por el futuro no son más que ilusiones. Es absurdo permitir que te agobien hasta el punto de bloquearte.

El zen nos enseña: «No te engañes con ilusiones».

Lo único que podemos hacer es concentrarnos en lo que requiere nuestra atención en este momento, para convertir nuestros fracasos en oportunidades de crecimiento y evitar que nuestros miedos se hagan realidad. Cuando nos sumergimos en el presente, no damos lugar a que el arrepentimiento o la ansiedad perturben nuestras mentes. Es mejor actuar y alejar esas ilusiones inútiles.

87

UN FRACASO ES POCO MÁS QUE UN TROPEZÓN

Vuelve a ponerte en pie y sigue luchando

Las personas que consiguen mucho también superan muchos fracasos.

No existe nadie que no falle nunca. Mejor dicho, las personas que consiguen mucho también fallan mucho. El fracaso es algo inevitable en el camino al éxito, por lo que no es motivo para deprimirse.

Hace mucho tiempo, en la cultura samurái, fracasar solía significar que se te ordenara cortarte el vientre. Pero en la actualidad, aunque todavía tengas que asumir la responsabilidad por tu error, en el peor de los casos se te recortará el sueldo, te bajarán de rango o te despedirán. No te costará la vida. Piensa en el fracaso como poco más que un tropezón.

Cualesquiera que sean las repercusiones de un fracaso, debes estar preparado para empezar otra vez de cero. Una vez que hayas determinado con exactitud en qué te equivocaste, puedes volver a ponerte en pie y seguir luchando.

Los seres humanos nacemos en este mundo solo con nosotros mismos. No importa cuánto pierdas por un fracaso, pues siempre puedes volver al punto de partida. Y, desde allí, existe un potencial ilimitado. Las probabilidades nunca son mejores que cuando no tienes nada que perder.

Una vez que has sufrido un revés, la mejor manera de recuperarte es apostar todo en tu próximo movimiento.

88

LENTO Y SEGURO SE GANA LA CARRERA

Sentirse demasiado ansioso por el éxito puede tener el efecto contrario

Los peligros de un atajo.

Un viaje de mil kilómetros comienza con un solo paso.

Roma no se construyó en un día.

Muchos pocos hacen un mucho.

Aprende observando un hormiguero.

Cada uno de estos refranes expresa que puedes conseguir incluso los objetivos más ambiciosos trabajando de manera constante y diligente hacia tu objetivo.

También es cierto que no puedes alcanzar el éxito sin tiempo y esfuerzo.

En la economía competitiva en la que vivimos, se pone mucho énfasis en encontrar atajos en nombre de la eficiencia. Está bien si funcionan, pero suelen surgir problemas, y lo que se suponía más rápido termina llevando más tiempo.

Si te sientes demasiado ansioso por el éxito, recuerda que lento y seguro se gana la carrera.

89

ELEVA TUS SUEÑOS, EN VEZ DE AFERRARTE A ELLOS

El truco para fijarte metas exitosas

Es importante que estés siempre atento a donde pisas.

Es importante tener sueños y metas.

Lo grandes o pequeños que sean variará de una persona a otra. Pero creo que hay algo que debería ser cierto para cualquiera: cuando trabajas para conseguir lo que se siente como una gran meta o sueño, es mejor colocarlo en lo alto, en lugar de mantenerte aferrado a ello.

Si tienes una meta o un sueño muy ambicioso, puede que acabes sucumbiendo bajo su peso y que sea difícil avanzar hacia él, de modo que te sentirás derrotado.

Pero ¿y si lo colocas a distancia?

Entonces puede servirte como punto de referencia, haciendo que tus pies se sientan más ligeros y rápidos, y así estar mejor preparado a la hora de avanzar.

Sin embargo, incluso cuando hayas puesto las miras en una meta distante, es importante que estés siempre atento a donde pisas, para poder dar el siguiente paso con confianza.

90

TÓMATE UN DESCANSO, EN ESPECIAL CUANDO ESTÉS OCUPADO

Incluso si solo es para que tu mente divague

Las personas que son buenas tomando descansos tienden a rendir a un alto nivel.

Algunas personas son tan responsables que se sienten culpables si se toman un poco de tiempo libre. Piensa en quienes van a trabajar incluso cuando no se encuentran bien. En Japón, en los primeros meses de la pandemia de COVID-19, nos instaban a quedarnos en casa si nos encontrábamos un poco mal. De lo contrario, muchos hubiésemos ido al trabajo, y nuestra conciencia habría tenido una verdadera razón para sentirse culpable.

Aquí hay una lección importante sobre nuestra relación con el trabajo.

Cuando hayas alcanzado cierto punto, tómate un pequeño descanso y valora lo que ya has conseguido.

Esto puede ser reparador, por supuesto, pero también productivo. Me gusta referirme a ello como «la ventaja inesperada de tomarse un pequeño respiro».

No necesitas ni siquiera tomarte un día libre. Tan solo date unos minutos entre tareas para observar el paisaje o salir a la terraza y mirar el cielo; con eso ya es suficiente. Ponlo en práctica, en especial cuando estés ocupado. Recogerás los beneficios de un merecido descanso.

91

NADIE ES «NORMAL»

Deja que el dicho «Hay tantas mentes como cabezas» guíe tus interacciones sociales

Dominar el arte de la comunicación a través de la empatía.

Por alguna razón, tendemos a asumir que nuestra propia perspectiva del mundo es lo «normal». Cuando los demás ven el mundo de una manera diferente, los rechazamos por ser anormales.

El dicho «Hay tantas mentes como cabezas» deja claro que no existe lo «normal». Así que lo volveré a decir: nadie piensa exactamente como tú.

Con esto en mente, la próxima vez que tengas una conversación con alguien que piensa diferente a ti, evita rechazarlo. Escucha lo que tenga que decir; busca algo con lo que creas que podéis conectar, y luego responde algo así: «Coincido contigo en este punto que has mencionado, pero mi opinión difiere un poco en este otro aspecto…».

La comunicación mejora cuando comienza con empatía.

Recuerda que la diferencia es algo natural y que nadie es igual a ti.

92

NO MENOSPRECIES
A LOS DEMÁS. NI SIQUIERA
EN LA VICTORIA

La venganza está a la vuelta de la esquina

Los peligros de provocar resentimiento.

La competitividad por la riqueza y los recursos naturales existe a nivel geopolítico desde la Era de los Descubrimientos, cuando los europeos comenzaron a colonizar Asia, Sudamérica y África.

En el mundo corporativo, la conquista toma la forma de fusiones y adquisiciones. Y, a nivel individual, la del acoso, la intimidación y el abuso.

Cualesquiera que sean las circunstancias, es normal que, cuando un lado aplasta al otro, las represalias sean severas. Incluso si aceptamos, solo como hipótesis, que el conflicto es inevitable, es humillante que el vencedor imponga su cultura y sus valores al perdedor.

Míralo desde la perspectiva del perdedor. Ser despojado de tu cultura y tus valores más preciados te provocaría resentimiento, ¿no es así?

La subyugación alimenta el deseo de venganza. Espero que en este capítulo hayas aprendido lo que no debes hacer. El próximo capítulo abordará lo que sí deberías hacer.

93

APAGA LA CHISPA
DE CONFLICTO

Cómo hacer que los rivales se pasen a tu lado

Aprende del triunfo de un ejecutivo de renombre.

En el mundo corporativo, el principal objetivo de las asociaciones comerciales, de las fusiones y las adquisiciones es apuntalar las debilidades de cada socio y aumentar de forma colectiva sus fortalezas y activos en un 2, un 4 o hasta un 50 por ciento más que antes.

Pero, cuando entran en juego las jerarquías, las cosas se complican. La empresa adquirida se ve obligada con frecuencia a rendirse a la cultura de la adquisidora.

Esto no beneficia a ninguna de las partes. Dado que ahora todo el personal trabaja para la misma empresa, les conviene integrar las mejores características de ambos lados y respetar las culturas corporativas de cada empresa.

Kazuo Inamori, el fundador de la empresa de electrónica Kyocera, supervisó numerosas fusiones y adquisiciones, la mayoría de ellas con empresas que buscaban ser rescatadas de la bancarrota. Kyocera participó en conversaciones abiertas y sinceras con los empleados de las empresas adquiridas, fomentando la conexión y un sentido de propósito compartido.

Es fundamental que no veas a tus rivales con hostilidad, sino que busques formas de atraerlos a tu lado.

94

NO TE GANARÁS LA SIMPATÍA DE NADIE SOLO CON LA LÓGICA

Blandir tus razonamientos no funcionará

En algunos escenarios, un argumento lógico no te llevará a ninguna parte.

En ocasiones, señalar la integridad lógica de tu posición solo incomoda a la persona con la que estás hablando.

¿Te ha pasado alguna vez? Alguien presume con su lógica («Bueno, tienes un buen argumento, pero…») y en realidad te desagrada, ¿cierto?

¿Por qué sucede?

Porque, aunque un argumento lógico pueda tener sentido en teoría, no suele sostenerse en la desordenada complejidad del mundo real.

Así que es mejor dejar de blandir la lógica como si fuera un arma secreta. Con frecuencia será rechazada o refutada.

«Veo que puede ser difícil de comprender, pero…» es una táctica para avanzar en la conversación mientras demuestras que entiendes la perspectiva de la otra persona. Esto facilita que el otro exprese lo que siente, para luego buscar un camino hacia la resolución.

95

DEBES ESTAR DISPUESTO
A CEDER UN POCO

Lo que hacen los expertos en debates

Una ruptura total es el peor resultado.

En un debate, cada persona argumenta su postura, lo cual puede conducir a una colisión de puntos de vista.

Pero, como ya he mencionado en el capítulo anterior, un argumento lógico puede ser improductivo. Es probable que ambas partes se empecinen en sus posiciones y no quieran ceder ni un centímetro, de modo que las conversaciones llegan a un callejón sin salida.

Hay situaciones en las que es necesario mantenerse firme en una postura, pero con mayor frecuencia se puede negociar un acuerdo.

El propósito de cualquier debate o discusión es permitir que todos los participantes expongan sus argumentos para llegar a un acuerdo o resolución. Así que no tiene sentido dejar que las negociaciones se rompan.

Puedes ceder un poco:

«Te doy la razón en ese punto. Pero, como es un tema innegociable, te pido que lo reconsideres. ¿Podemos encontrar un término medio?».

Así transmites tu idea mientras la otra parte guarda las apariencias. Puede ser complicado, pero es una manera de resolver una negociación con destreza.

96

«TODAS LAS COSAS PROVIENEN DE LA NADA»

No puedes llevarte tu dinero
(ni siquiera un céntimo)

Si vas a ganar dinero, hazlo en beneficio de los demás, para que lo utilicen más adelante.

Parece que cuanto más dinero ganas, más quieres. A todo el mundo le ocurre lo mismo, y no solo cuando se trata de dinero, pues se aplica a todos los deseos mundanos. Simplemente no hay límites. Muchos creen que si ganan el dinero suficiente, conseguirán todo lo que desean en la vida. ¿Y quién podría ser más feliz que alguien que tiene todo lo que desea?

Pero ¿acaso no es una inutilidad ganar tanto dinero si solo es para ti?

No importa cuánto dinero ganes en tu vida; no podrás llevártelo contigo. Hay un *zengo* que dice: «Todas las cosas provienen de la nada». Significa que nacemos sin nada más que nosotros mismos y moriremos sin nada más que nosotros mismos.

Lo que ganes debería beneficiar a las generaciones futuras. Esta perspectiva ofrece una nueva fórmula para una vida con sentido: felicidad = crear alegría para quienes te rodean. Si para cuando mueras aún queda mucho dinero, en tu testamento puedes designar a quién quieres donárselo para que se beneficie. Así te verás liberado de la inutilidad de tener más dinero del que puedes gastar.

97

BUSCA TU MISIÓN
PERSONAL EN TU INTERIOR

Luego, esmérate por cumplirla con todo tu corazón

Una necesidad para cada etapa de la vida.

Todos nacemos en este mundo con una misión.

Quizás pienses en ella como tu papel en la vida.

¿Sabes cuál es tu misión?

Es posible que pienses: «No tengo ni idea».

Está bien no saberlo.

Creo que es mejor vivir haciéndose la pregunta «¿Cuál es mi misión?» que saber con exactitud cuál es.

A medida que te lo cuestiones, comenzarás a reconocer el papel que desempeñas en las distintas etapas de tu vida, y luego trabajarás tan duro como puedas para estar a la altura.

Aquello en lo que más te esfuerzas (lo que te permite olvidarte de ti mismo) es la misión para la que estás destinado.

98

VIVE CON LIBERTAD
Y FACILIDAD

Sé bondadoso y humilde,
y así serás fiel a ti mismo

La enseñanza zen sobre la «bondad de corazón».

Todos queremos vivir una vida que sea fiel a nosotros mismos. Hay dos puntos que debemos recordar.

El primero es tener lo que en el zen llamamos «bondad de corazón». En cierto sentido, esto significa que la forma de tu mente no está fija, como si fuera una nube. Significa que puedes responder a las personas y circunstancias con libertad y facilidad, sin pensar que las cosas «deberían ser de esta manera» o «no deberían ser de ese otro modo».

En esta libertad es donde brilla tu verdadero yo.

El segundo punto es la humildad. Con esto me refiero a la importancia de utilizar tu capacidad y tu talento para contribuir a la sociedad.

Cuando te fuerzas a hacer algo de lo que no eres capaz o que no se te da bien, los demás pueden pensar que no conoces tus límites. Puede parecer arrogante y no es fiel a ti mismo.

Cuando pones en práctica tus talentos con un corazón humilde, brilla tu verdadera identidad.

La bondad de corazón y la humildad te permiten soltar lo imposible con gracia. Utiliza estas cualidades para ayudarte a llevar una vida que sea fiel a ti mismo.

99

HAZLO LO MEJOR
QUE PUEDAS

Y el resto vendrá solo

La quintaesencia de la expresión «El arte de dejar ir».

No importa en qué estés trabajando, dalo todo.

Simplemente vierte ahí toda tu energía. Mantén la mente enfocada y no te preocupes por si conseguirás un buen resultado o por lo que piensen los demás.

Tan solo esfuérzate al máximo.

Haz todo lo que puedas, todo lo que sea posible. Lo que suceda después ya no será problema tuyo. Déjalo ir.

Puedes dejarle el resto al destino.

Solo puedes hacer lo que está a tu alcance, y no depende de ti determinar cuál será el resultado. Una vez que lo hayas dado todo, no tendrás nada de qué preocuparte.

Hay algo liberador en hacerlo lo mejor que puedas y dejar que el resto venga solo. No te preocupes por el resultado o tu reputación. Solo perturbará tu concentración y no pensarás con claridad.

Shunmyo Masuno es sumo sacerdote de un templo budista zen de 450 años de antigüedad que está ubicado en Japón. Es autor de los libros superventas *Deja de preocuparte* y *El arte de vivir con sencillez*, así como un galardonado diseñador de jardines zen que trabaja con clientes de todo el mundo. También es profesor de diseño ambiental en una de las escuelas de arte más prestigiosas de Japón, y ha impartido conferencias en instituciones como la Escuela de Posgrado en Diseño de Harvard, la Universidad de Cornell y la Universidad de Brown.